Luan Ferr

Deísmo
Da Filosofia à Espiritualidade

BOOKLAS PUBLISHING

Direitos Autorais
Título Original: **Deísmo: Da Filosofia à Espiritualidade**
Copyright © 2023, publicado em 2024 por Luiz Antonio dos Santos ME.

Este livro examina as origens e o desenvolvimento da filosofia deísta, abordando o papel da razão, da observação da natureza e da espiritualidade na busca pela compreensão do divino. Ele oferece uma perspectiva histórica e filosófica sobre como o deísmo influenciou o pensamento religioso e científico, sem promover doutrinas ou práticas específicas.

Segunda Edição
Equipe de Produção da Segunda Edição
Autor: Luan Ferr
Revisão: Virginia Moreira dos Santos
Projeto Gráfico e Diagramação: Arthur Mendes da Costa
Capa: Anderson Casagrande Neto

Publicação e Identificação
Deísmo / Por Luan Ferr
Booklas Publishing, 2024
Categorias: Filosofia / Religião / Corpo, Mente e Espírito
DDC: 211 - **CDU:** 141.6

Aviso de Direitos de Autor
Todos os direitos reservados a:
Booklas Publishing / Luiz Antonio dos Santos ME

Este livro não pode ser reproduzido, distribuído ou transmitido, em sua totalidade ou em parte, por qualquer meio, eletrônico ou impresso, sem o consentimento expresso do detentor dos direitos autorais.

Sumário

Marcel Dubois 5
Luan Ferr 7
Capítulo 1 O Descobrimento do Deísmo 8
Capítulo 2 O Despertar da Razão 14
Capítulo 3 O Fundamento da Razão Deísta 18
Capítulo 4 As Origens da Filosofia Deísta 25
Capítulo 5 O Universo Como Um Livro Aberto 29
Capítulo 6 Deus como Criador e Observador 32
Capítulo 7 A Visão Deísta de Deus 39
Capítulo 8 A Natureza como Revelação Divina 47
Capítulo 9 A Razão como Guia na Exploração do Cosmos 57
Capítulo 10 A Liberdade Intelectual no Deísmo 65
Capítulo 11 A Busca Contínua pela Verdade Divina 73
Capítulo 12 A Síntese da Razão Deísta 78
Capítulo 13 A Ciência como Aliada na Busca pelo Divino 82
Capítulo 14 A Visão Deísta de Deus 90
Capítulo 15 A Evolução das Representações de Deus 96
Capítulo 16 A Evolução das Representações de Deus 104
Capítulo 17 A Universalidade da Busca por Deus 113
Capítulo 18 A Compreensão de Deus na Era Moderna 121
Capítulo 19 A Humanidade e a Busca por Deus 129
Capítulo 20 Deus como Expressão do Mistério Universal 137
Capítulo 21 A Filosofia Deísta na Prática 146
Capítulo 22 Deus Além do Espaço e do Tempo 154

Capítulo 23 A Natureza da Alma no Deísmo 161
Capítulo 24 A Contribuição na História da Humanidade 165
Capítulo 25 Deístas Famosos 171
Agradecimentos 175

Marcel Dubois

O livro que apresentamos é o resultado de uma entrevista de nossa equipe de pesquisa feita com um mestre deísta chamado Marcel Dubois. Marcel vive em uma pequena aldeia no interior da França, perto do Castelo de Bonaguil, uma fortaleza medieval do século XV localizada na comuna de Saint-Front-sur-Lémance, no departamento de Lot-et-Garonne, na região de Nouvelle-Aquitaine, no sudoeste da França.

Marcel nos recebe em sua casa, uma antiga construção de pedra cercada por um jardim florido. Ao entrar na casa, somos imediatamente envolvidos por um ambiente acolhedor e enriquecedor. A sala onde a entrevista ocorre é sua biblioteca pessoal, um espaço com prateleiras de carvalho escuro que se estendem do chão ao teto, repletas de livros antigos, alguns com detalhes dourados. A madeira das prateleiras exala um aroma suave, parece evocar a sabedoria acumulada nas páginas daqueles muitos livros.

Nas paredes que não estão tomadas por prateleiras, quadros de paisagens naturais e retratos de figuras filosóficas adornam o ambiente. Uma pintura a óleo da paisagem deslumbrante que rodeia sua aldeia cria uma sensação de conexão com a natureza. Outro quadro, uma gravura em preto e branco de Voltaire, o pensador iluminista, parece observar silenciosamente a conversa que se desenrola.

Marcel Dubois, o mestre deísta, veste-se com simplicidade e elegância. Ele usa uma camisa de linho branco, que parece feita sob medida, combinada com calças de lã preta e um colete azul-marinho. Seu cabelo grisalho é penteado de maneira impecável, e seus olhos claros irradiam tranquilidade e sabedoria.

Durante a entrevista, Marcel nos oferece chá de camomila, servido em delicadas xícaras de porcelana adornadas com flores azuis. O chá emite um aroma reconfortante, que se mistura com o cheiro dos livros antigos. A temperatura ambiente é amena, típica do outono, com uma lareira acesa em um canto da sala, proporcionando o calor suave que contrasta com o frescor do lado de fora.

Este cenário, repleto de elementos que evocam a natureza, a erudição e a contemplação, proporcionou o ambiente perfeito para a conversa com Marcel Dubois sobre sua fé, sua visão de mundo e seus ensinamentos.

Luan Ferr

Sem a razão, Deus não existiria, pois é através dela que a mente se eleva para intuir aquilo que transcende sua própria natureza, sendo a razão tanto o instrumento quanto o receptáculo daquilo que busca. Contudo, Deus, sendo Ele mesmo a essência da razão, permanece além dos limites da compreensão. Paradoxalmente, é somente ao exercitarmos a razão que concebemos o divino, reconhecendo que compreender a Deus é, em última análise, abraçar o mistério de uma razão que excede a própria razão, sendo a razão, como o próprio Deus, o começo e o fim de todas as coisas.

Luan Ferr

Capítulo 1
O Descobrimento do Deísmo

Marcel Dubois era um jovem médico na cidade de Avignon, na França, quando dúvidas sobre as concepções convencionais de Deus começaram a assombrá-lo. Ele cresceu em uma família devota, frequentando a igreja regularmente e aprendia sobre um Deus retratado como uma figura paternal, intervencionista e com características humanas. À medida que estudava medicina e testemunhava o sofrimento das pessoas, a imagem tradicional de Deus começou a parecer inadequada.

Marcel via pessoas sofrendo de doenças incuráveis, crianças nascendo com deficiências e uma crescente disparidade entre os ricos e os pobres. Ele passou a se questionar sobre como um Deus benevolente permitiria tal sofrimento e desigualdade.

À medida que suas dúvidas cresciam, Marcel se voltou para as escrituras religiosas convencionais em busca de respostas, mas à medida que lia os textos tidos como sagrados, ele se deparou com as descrições de um Deus que o deixou ainda mais confuso. Deus, nestes cenários, era frequentemente retratado como um ser antropomórfico, com características humanas, emoções e até mesmo preferências. Essa representação de Deus como uma figura humana parecia-lhe simplista demais.

A primeira reação racional de Marcel após consultar as escrituras foi concluir que Deus não existia, foi quando algo dentro dele se recusou a adotar tal perspectiva. Suas dúvidas e desencanto o levaram a buscar compreensão mais profunda e pessoal de Deus. Ele desejava uma conexão espiritual que não fosse limitada por dogmas religiosos ou representações simplistas.

À medida que Marcel Dubois continuava sua busca pela compreensão mais profunda de Deus, ele se viu imerso em um mar de filosofias religiosas e espirituais. Estudou as tradições religiosas do mundo, explorou a teologia de diferentes culturas e leu extensivamente sobre filosofia. Marcel queria encontrar um Deus que fosse compatível com sua intuição, portador de um poder superior que transcendesse as limitações humanas.

No entanto, Marcel ainda não havia encontrado uma filosofia que respondesse todas as suas perguntas. Ele se questionava sobre o propósito da existência, o significado da vida e o destino da alma após a morte. Suas indagações o levaram a questionar as religiões organizadas que não tinham as respostas, havia nele espaço para uma compreensão mais ampla e livre de Deus.

Marcel começou a explorar as obras de filósofos que desafiavam as concepções tradicionais de Deus. Ele ficou intrigado com os argumentos de pensadores que viam Deus como uma força impessoal, uma energia que permeava o cosmos. Essas ideias o fizeram questionar se a divindade poderia ser mais do que uma entidade com vontade própria, mas uma presença universal que operava de acordo com leis naturais.

Conforme mergulhava em sua busca, Marcel sentiu a crescente sensação de que o deísmo, uma filosofia que enfatizava a crença em um Deus transcendente, não intervencionista e imanente no universo, estava mais alinhado à sua visão pessoal. O deísmo parecia oferecer a liberdade de explorar e desenvolver a própria compreensão de Deus, sem as restrições das doutrinas religiosas convencionais.

Nessa fase de sua jornada, Marcel começou a formular as próprias teorias sobre a espiritualidade e sobre Deus.

A inquietação da alma de Marcel Dubois continuava a crescer à medida que ele aprofundava sua busca. Suas conversas com teólogos, leituras de textos sagrados e exploração de diferentes correntes espirituais só aumentavam seu desejo de compreender o divino de forma mais completa.

Às vezes, Marcel se perguntava se a humanidade havia projetado suas próprias fraquezas e imperfeições em sua concepção de Deus. Isso o levou a considerar a possibilidade de que a verdadeira natureza de Deus fosse muito diferente, algo além da compreensão humana, e externa às religiões estabelecidas. Ele sentia que a divindade não poderia ser reduzida a uma simples figura com características humanas.

A visão de um Deus que não intervém diretamente nos assuntos humanos, mas em vez disso estabelece as leis naturais que governam o universo, começou a fazer mais sentido. Ele via Deus como o Criador e Mantenedor do cosmos, cujas leis universais permitiam a existência e a evolução da vida. Essa visão não apenas tornava Deus mais imparcial, mas também tornava a compreensão divina mais acessível.

No entanto, Marcel ainda enfrentava desafios, ele se questionava sobre o propósito da vida e o destino da alma após a morte, questões que continuavam a perturbá-lo.

À medida que Marcel Dubois avançava em sua busca por uma compreensão mais clara de Deus, ele se viu em uma encruzilhada. Suas dúvidas persistentes sobre as religiões convencionais e suas crescentes convicções sobre a natureza divina o deixaram em um estado de profunda reflexão.

Foi em uma tarde chuvosa, enquanto explorava a vasta coleção de livros, que teve um encontro que mudaria o curso de sua história. Entre os muitos volumes empoeirados que compunha sua vasta biblioteca, ele descobriu um antigo tratado sobre o deísmo, escrito por um filósofo do século XVIII.

A simplicidade e a clareza do texto contido no livro ressoaram profundamente com Marcel. Ele viu o deísmo como a resposta para todas as perguntas. Era a filosofia que reconciliava sua busca pela verdade com sua compreensão de um Deus mais elevado.

Nos dias que se seguiram, Marcel mergulhou na leitura e no estudo do deísmo, descobrindo que essa filosofia havia sido abraçada por muitos dos maiores pensadores da história que viam no deísmo a única maneira de harmonizar a razão com a espiritualidade, permitindo-lhes explorar as questões divinas sem se submeterem a dogmas religiosos.

Estabeleceu-se profunda conexão com essa tradição de pensamento. Marcel percebeu que o deísmo não apenas abraçava sua crença em um Deus transcendente e imanente, mas também encorajava a busca constante pela verdade por meio da razão e da observação do mundo natural. Era uma filosofia que permitia que sua fé florescesse sem as restrições das interpretações religiosas tradicionais, e algo muito relevante, a história do Deísmo na continha manchas.

A descoberta do deísmo foi um momento de clareza espiritual. Marcel começou a abraçar plenamente essa filosofia, não apenas como uma resposta às suas próprias perguntas, mas como uma maneira de compartilhar sua compreensão do divino com os outros. Foi nesse ponto que sua jornada espiritual o transformou de um buscador em um defensor do deísmo, e depois, em um mestre deísta.

Assim, Marcel Dubois encontrou seu propósito: disseminar os princípios do deísmo, inspirar outros a questionarem as concepções convencionais de Deus e guiar aqueles que buscam uma compreensão mais profunda do Ser divino. Sua jornada de transformação espiritual não apenas mudou sua vida, mas também moldou o destino de muitos que compartilharam de sua sabedoria e visão de Deus. E, à medida que ele continuava a explorar as complexidades da espiritualidade e da existência, o legado de Marcel como mestre deísta continuava a crescer, oferecendo luz e inspiração àqueles que buscavam respostas para suas próprias perguntas sobre Deus e o significado da vida.

Capítulo 2
O Despertar da Razão

Há muito tempo, quando o ser humano buscava respostas para as indagações que envolviam a própria existência, um grupo de pensadores de mente perspicaz embarcou em uma jornada intelectual que, ao longo do tempo, floresceria na formação de uma filosofia profundamente reverente à razão e à observação.

Em tempos passados, quando as religiões institucionais detinham o domínio absoluto, ditando as vidas dos indivíduos por meio de rituais e dogmas, começaram a surgir murmúrios dissidentes, sussurros de questionamento que ousaram desafiar as explicações simplistas.

O advento do deísmo, que se erigiu a partir dos alicerces dos pensadores renascentistas e das mentes perspicazes da Revolução Científica, foi uma resposta a esses murmúrios dissidentes. À medida que as descobertas e avanços na astronomia, física e biologia se acumulavam, essas almas corajosas começaram a discernir um intrigante padrão emergir diante de seus olhos.

Não é, historicamente, uma mera contemplação das divindades distantes que esses primeiros filósofos observavam quando lançavam seus olhares aos céus noturnos. Em vez disso, eles percebiam uma inquestionável harmonia, como uma coreografia celestial, na qual estrelas e planetas desempenhavam papéis precisos. Cada órbita proclamava, em silente testemunho, a harmonia cósmica.

Voltaram seus olhares para a complexidade intrínseca da natureza, observaram a invariabilidade dos fenômenos naturais. As estações seguiam seu curso com regularidade, os rios fluíam obedecendo às leis da física, e a vida se desdobrava segundo padrões que desafiavam a aleatoriedade. Dessa observação meticulosa, uma indagação fundamental brotou: "Será que a própria natureza é o veículo pelo qual Deus se revela"?

Assim, os ancestrais deístas, pioneiros dessa filosofia, desafiaram as narrativas tradicionais e propuseram uma compreensão mais profunda da divindade. Para eles, Deus não era um despótico soberano celestial que governava mediante punições e recompensas, mas sim um Criador que dotara a humanidade com um dom precioso: a razão.

O deísmo é a filosofia que enaltece a razão como instrumento de conhecimento e de conexão com o transcendental. A razão é concebida como uma luminescência divina, presente em cada ser humano como um dom sagrado. Essa luz facultativa propicia a busca pelo conhecimento e a apreensão da intricada teia que constitui o mundo ao redor. No Deísmo, essa luminescência é percebida como uma ligação direta com o Criador, uma centelha que orienta a busca pela compreensão do divino.

O deísmo, portanto, fomenta a inquirição, a investigação e a exploração. Crê-se que a verdade se desvela por meio de análises atentas e profundas reflexões.

Divergindo das religiões que exigem fé cega, o Deísmo se guia pela razão como bússola que norteia a jornada em direção à verdade.

O deísmo se configura assim como um convite à contemplação reverente, reconhecendo a grandiosa ordem que permeia o universo. Os deístas interpretam os fenômenos naturais como manifestações da sagacidade divina. Não percebem Deus como um tirano celeste, mas sim como o Criador que brinda à humanidade o dom da liberdade intelectual. Assim, o ser humano é livre para desbravar a verdade e forjar sua compreensão do divino com base em sua própria busca pessoal.

O Deísmo propicia a transcendência das limitações das interpretações literais das escrituras, abraçando, ao invés, uma compreensão mais profunda e iluminada da divindade. Trata-se de uma filosofia que instiga a exploração da natureza e de Deus por meio da perspicaz observação do mundo natural e da ponderada reflexão.

Capítulo 3
O Fundamento da Razão Deísta

É essencial compreender que a razão é a luz que nos guia na escuridão. É a chama que nos impulsiona a buscar respostas para as profundas indagações que permeiam a existência. Sem a razão, estaríamos perdidos na vastidão do desconhecido, incapazes de decifrar os mistérios do universo e de Deus. Sem a razão, a raça humana teria entrado em extinção ou ainda estaria vivendo em cavernas.

No Deísmo, a razão é o alicerce que permite compreender Deus por meio da observação atenta do mundo ao redor. Pode-se considerá-la como a chave que destranca os segredos da criação. Quando contemplamos a complexidade da natureza, quando observamos as leis que governam o universo, somos levados a uma profunda apreciação pela inteligência divina que permeia tudo.

É como se a razão fosse uma lente de aumento que nos permite enxergar detalhes invisíveis a olho nu. Ela nos permite perceber a ordem e a harmonia que se esconde por trás da aparência caótica da vida. É através da razão que começamos a reconhecer que o universo não é fruto do acaso, mas resultado de uma mente criativa e inteligente.

A razão é o germe da compreensão de Deus, o ponto de partida para a jornada espiritual. Ela nos capacita a questionar dogmas e crenças infundadas, incentivando-nos a explorar o mundo natural com olhos críticos e mente aberta. À medida que cultivamos nossa capacidade de raciocínio, começamos a ver a complexidade da criação como uma expressão da sabedoria divina.

A razão, como mencionado, é o farol que nos guia na exploração do divino. Agora, ela nos conduzirá pelo infinito universo, revelando como nós, os deístas, a utilizamos como ferramenta crucial para decifrar os padrões e a ordem inerente à criação.

Ao contemplarmos o cosmos, somos imersos em uma vastidão que desafia a compreensão. Milhões de estrelas pontilham o céu, galáxias se estendem até onde nossa visão não alcança, e fenômenos cósmicos inimagináveis ocorrem a bilhões de anos-luz de distância. Neste ambiente, é a razão que nos permite começar a compreender essa grandiosidade.

Nós, e quando digo nós me refiro aos deístas, entendemos o cosmos como a manifestação da inteligência divina. Cada galáxia, cada estrela e cada planeta desempenham papéis precisos em uma dança cósmica orquestrada por uma mente criativa. É através da razão que começamos a discernir essa harmonia.

Imagine que a razão é como um telescópio poderoso que permite observar detalhes que, de outra forma, permaneceriam invisíveis. Ela nos capacita a estudar as leis naturais que governam o universo, como a gravidade, a termodinâmica e a mecânica quântica, e a reconhecer nelas a marca da inteligência divina.

Através da razão, começamos a perceber que o cosmos não é um caos aleatório, mas uma imensa sinfonia cósmica na qual cada elemento desempenha seu papel de acordo com leis precisas. A observação cuidadosa do cosmos nos leva a admirar a ordem que permeia o universo, como se cada estrela e cada galáxia fossem notas em uma partitura escrita por Deus.

Na jornada que empreendemos como mestres deístas, a razão se destaca como ferramenta essencial para discernir a verdade divina e desafiar crenças cegas que muitas vezes obscurecem a compreensão.

Como mencionado, surgiram vozes dissidentes que se recusaram a aceitar explicações simplistas. Aqui, a razão se ergue como aliada na luta contra a rigidez dogmática. Nós vemos a razão como o antídoto contra a aceitação passiva de dogmas religiosos inflexíveis, que muitas vezes apenas atendem objetivos pouco nobres.

À medida que empunhamos a razão, somos capacitados a questionar as narrativas que nos foram impostas, a desafiar as respostas pré-determinadas e a explorar o desconhecido com coragem intelectual.

Deístas, não se contentam com explicações superficiais. Eles se esforçam para buscar a verdade através da observação perspicaz e do pensamento crítico. A razão é a sua bússola, orientando-os na jornada em busca da verdade divina.

Quando nos deparamos com dogmas inflexíveis, a razão nos convida a investigar, a questionar e a explorar além das limitações impostas por crenças cegas. Ela nos capacita a discernir a verdade através da observação cuidadosa, permitindo-nos distinguir entre a fé cega e a compreensão fundamentada.

Como mencionado anteriormente, a razão é a lente que nos permite observar e compreender o mundo, mas também é vista como o meio de conexão direta com Deus, afinal, Deus apenas é conhecido pela razão.

Para entender essa conexão, é necessário considerar que, no Deísmo, Deus é concebido como o grande arquiteto do universo, aquele que criou as leis naturais que governam a existência. A razão, por sua vez, é vista como uma centelha divina presente em cada ser humano, um dom sagrado que nos permite buscar o conhecimento e compreender a complexidade do mundo ao redor. Sem a razão seríamos apenas animais irracionais.

A razão nos permite atravessar o abismo que separa a mente humana da mente de Deus. Quando contemplamos a natureza e observamos as leis que governam o universo, estamos, de certa forma, sintonizando nossa mente com a mente divina.

Nós acreditamos que, ao utilizar a razão para compreender o mundo natural, estamos, de alguma maneira, buscando a compreensão do próprio Deus. Cada descoberta científica, cada observação cuidadosa da natureza, é vista como um passo em direção à compreensão da mente criativa por trás da criação.

Para tornar mais enriquecedora a exploração do papel da razão no Deísmo, convido-os a uma breve viagem no tempo, transporte-se para épocas medievais, quando os dogmas religiosos eram inquestionáveis, e a fé suplantava a razão de maneira inegável.

Imagine, por um instante, estar em um mundo onde as crenças religiosas são regidas por doutrinas rígidas e inflexíveis, onde os dogmas são aceitos sem questionamento. Épocas em que o pensamento corrente, em muitos casos, considerava como verdades conceitos que hoje nos parecem absurdos.

Nesta época, a Terra era amplamente vista como o centro do universo, com o Sol e os planetas girando a sua volta. O cosmos, por mais misterioso que fosse, era interpretado segundo as concepções religiosas da época. Ideias que desafiavam essa visão, como a noção de um universo infinito e em constante expansão ou a teoria de que a terra girava em torno do sol, e não o oposto, eram consideradas heréticas e extremamente perigosas.

Imagine como seria desafiador viver em um mundo onde a razão é frequentemente sufocada pela autoridade da fé e das instituições religiosas. Como seria difícil questionar os dogmas que moldam a compreensão do universo e da existência.

É importante destacar que, ao longo da história, a humanidade progrediu, graças à capacidade inerente de questionar, de explorar o desconhecido e de desafiar as explicações simplistas. Graças à razão, nos libertamos das amarras da ignorância dogmática e embarcamos em uma jornada intelectual em busca da verdade. Avançamos alguns passos, mas o Deísmo nos convida a continuar a caminhada, a refletir sobre a importância fundamental de questionar, de investigar e de explorar, mesmo quando o mundo ao redor insiste em aceitar explicações fabricadas.

À medida que avançamos neste tema, exploraremos profundamente os princípios do Deísmo e como a razão nos capacita a compreender Deus e a complexidade da existência. Convido-o(a) a manter a mente aberta, a abraçar o pensamento crítico e a seguir adiante nesta jornada com coragem intelectual. Pois, como aqueles primeiros deístas, somos desafiados a buscar a verdade divina por meio da razão e da observação perspicaz, mesmo quando isso significa desafiar as crenças que nos foram legadas.

Capítulo 4
As Origens da Filosofia Deísta

Na Renascença, a Europa testemunhou um renascimento cultural e intelectual que ecoaria através das eras, marcando profundamente a história da humanidade. Este período de efervescência intelectual foi um farol para as mentes inquisitivas, que começaram a questionar as concepções tradicionais que haviam prevalecido por séculos.

Entre os séculos XIV e XVI, o continente europeu tornou-se o epicentro de uma revolução cultural, onde a arte, a ciência e a filosofia floresceram como nunca. Foi uma era de redescoberta das obras da antiguidade clássica, bem como de exploração de novas fronteiras do conhecimento.

Neste renascimento cultural, os pensadores renascentistas voltaram seus olhares tanto para o passado quanto para o futuro. Inspiraram-se nas antigas ideias gregas e romanas, enquanto também exploraram as ricas culturas do Oriente. Movidos por uma curiosidade insaciável, questionaram as interpretações religiosas tradicionais que haviam moldado a sociedade por séculos.

Neste contexto, a filosofia humanista ganhou destaque. Os humanistas celebraram a capacidade intrínseca da humanidade para o raciocínio e a criatividade, acreditando que os seres humanos desempenham um papel ativo na busca pela verdade. A razão tornou-se a guia na compreensão do mundo e da espiritualidade.

Figuras notáveis como Leonardo da Vinci, que explorou a conexão entre a arte e a ciência, e Nicolau Maquiavel, que questionou as concepções tradicionais de governo e poder, emergiram. Esses pensadores abriram as portas para uma visão mais aberta e crítica do mundo, uma visão que, como veremos, influenciaria profundamente o Deísmo.

A Revolução Científica, outro marco crucial na história do pensamento humano, trouxe consigo avanços notáveis nas áreas da astronomia, física e biologia. Durante este período de efervescência intelectual, mentes brilhantes como Copérnico, Galileu Galilei e Johannes Kepler revolucionaram a compreensão do universo.

Esses visionários lançaram as bases da astronomia moderna, desafiando a visão geocêntrica do universo e afirmando que a Terra não era o centro do cosmos, mas apenas um pequeno planeta orbitando o Sol. Suas descobertas foram radicalmente inovadoras, questionando antigas concepções que estabeleciam o homem como o ápice da criação divina.

Na esfera da física, Isaac Newton emergiu como uma figura icônica da Revolução Científica. Sua teoria da gravidade e suas leis do movimento forneceram uma estrutura sólida para compreender o funcionamento do universo. O poder da razão, em conjunto com a observação meticulosa e a investigação crítica, foi fundamental para suas descobertas.

Na biologia, figuras como Andreas Vesalius e William Harvey avançaram na compreensão do corpo humano e da circulação sanguínea por meio de estudos anatômicos e experimentos. À medida que novas perspectivas sobre a vida e a natureza eram reveladas, a observação e a experimentação tornaram-se pedras angulares da pesquisa científica.

A Revolução Científica não apenas desafiou dogmas estabelecidos, mas também elevou a razão como instrumento fundamental na compreensão do mundo natural. Os pioneiros dessa revolução demonstraram que a observação cuidadosa e a investigação crítica eram essenciais para a busca da verdade. Isso ressoou profundamente na filosofia Deísta.

Enquanto interpretações literais das escrituras e dogmas tradicionais eram questionadas, novos horizontes se abriram para a compreensão da espiritualidade. Nesse contexto de turbulência de ideias e ceticismo religioso, o Deísmo surgiu como a filosofia que colocava a razão no cerne da busca por Deus.

Os deístas recusaram-se a aceitar passivamente as narrativas religiosas convencionais. Em vez disso, propuseram uma compreensão profunda e racional do divino. Para os deístas, a razão era uma aliada na busca pela verdade espiritual, especialmente quando as verdades dogmáticas estavam caindo por terra. O Deísmo emergiu como uma resposta ao ceticismo religioso da época.

Esta filosofia enaltece a razão como uma luz que ilumina o caminho na escuridão da incerteza, capacitando-nos a discernir a verdade por meio da observação meticulosa e do pensamento crítico. O Deísmo celebrava a busca pela verdade fundamentada na razão, em contrapartida, à fé cega. Quando a queda de um dogma lançou suspeitas sobre os outros, houve o incentivo às mentes inquisitivas para questionar profundamente as verdades estabelecidas pela fé dominante.

Esta conversa inicial é o começo do caminho. À medida que avançamos, nos aprofundamos nos conhecimentos e princípios do Deísmo, explorando como a razão se torna aliada na compreensão de Deus e da complexidade da existência. Permaneça com a mente aberta, abrace o pensamento crítico para continuar esta jornada com coragem intelectual, assim como aqueles primeiros deístas que ousaram desafiar as crenças que lhes foram legadas.

Capítulo 5
O Universo Como Um Livro Aberto

Para entender essa conexão, é necessário considerar que, no Deísmo, Deus é concebido como o grande arquiteto do universo, aquele que criou as leis naturais que governam a existência. A razão, por sua vez, é vista como uma centelha divina presente em cada ser humano, um dom sagrado que nos permite buscar o conhecimento e compreender a complexidade do mundo ao redor. Sem a razão, seríamos apenas animais irracionais.

A razão nos permite atravessar o abismo que separa a mente humana da mente de Deus. Quando contemplamos a natureza e observamos as leis que governam o universo, estamos, de certa forma, sintonizando nossa mente com a mente divina.

Nós acreditamos que, ao utilizar a razão para compreender o mundo natural, estamos, de alguma maneira, buscando a compreensão do próprio Deus. Cada descoberta científica, cada observação cuidadosa da natureza, é vista como um passo em direção à compreensão da mente criativa por trás da criação.

Para tornar mais enriquecedora a exploração do papel da razão no Deísmo, convido-os a uma breve viagem no tempo, transporte-se para épocas medievais, quando os dogmas religiosos eram inquestionáveis, e a fé suplantava a razão de maneira inegável.

Imagine, por um instante, estar em um mundo onde as crenças religiosas são regidas por doutrinas rígidas e inflexíveis, onde os dogmas são aceitos sem questionamento. Épocas em que o pensamento corrente, em muitos casos, considerava como verdades conceitos que hoje nos parecem absurdos.

Nesta época, a Terra era amplamente vista como o centro do universo, com o Sol e os planetas girando à sua volta. O cosmos, por mais misterioso que fosse, era interpretado segundo as concepções religiosas da época. Ideias que desafiavam essa visão, como a noção de um universo infinito e em constante expansão ou a teoria de que a Terra girava em torno do sol, e não o oposto, eram consideradas heréticas e extremamente perigosas.

Imagine como seria desafiador viver em um mundo onde a razão é frequentemente sufocada pela autoridade da fé e das instituições religiosas. Como seria difícil questionar os dogmas que moldam a compreensão do universo e da existência.

É importante destacar que, ao longo da história, a humanidade progrediu, graças à capacidade inerente de questionar, de explorar o desconhecido e de desafiar as explicações simplistas. Graças à razão, nos libertamos das amarras da ignorância dogmática e embarcamos em uma jornada intelectual em busca da verdade. Avançamos alguns passos, mas o Deísmo nos convida a continuar a caminhada, a refletir sobre a importância fundamental de questionar, de investigar e de explorar, mesmo quando o mundo ao redor insiste em aceitar explicações fabricadas.

À medida que avançamos neste tema, exploraremos profundamente os princípios do Deísmo e como a razão nos capacita a compreender Deus e a complexidade da existência. Convido-o(a) a manter a mente aberta, a abraçar o pensamento crítico e a seguir adiante nesta jornada com coragem intelectual. Pois, como aqueles primeiros deístas, somos desafiados a buscar a verdade divina por meio da razão e da observação perspicaz, mesmo quando isso significa desafiar as crenças que nos foram legadas.

Capítulo 6
Deus como Criador e Observador

Contemplamos Deus como o Mestre Criador, aquele que habilmente moldou o universo e estabeleceu sua ordem e harmonia intrínseca. Essa percepção de Deus como um artífice divino é fundamental para compreender o cerne da filosofia deísta.

Concebemos Deus como o supremo artífice, aquele que planejou meticulosamente cada detalhe da criação. Nessa visão, Deus é o arquiteto supremo que projetou o universo, definindo leis naturais e princípios que regem todas as coisas.

Essa concepção de Deus como um Artífice Divino difere substancialmente das concepções tradicionais de divindade. Enquanto muitas religiões retratam Deus como um ser pessoal e intervencionista, nós vemos Deus como o grande criador que, após a criação do universo, permite que ele siga seu curso natural, sem intervenções diretas. Essa seria a única lógica que se amoldaria às diferentes condições de vida a que a criatura humana é submetida, afinal, um Deus intervencionista equilibraria a balança existencial, e todos compartilhariam das mesmas condições de vida, incluindo saúde, família e recursos. A diferença na distribuição desigual dos meios que proporcionam realização existencial seria a explicação que comprovaria que a doutrina Deísta é a mais apropriada para a compreensão de Deus.

Essa diferença fundamental na visão de Deus é uma das características distintivas do Deísmo. Nós acreditamos que Deus concedeu à humanidade o presente da razão e da livre investigação para entender a criação, em vez de depender exclusivamente da revelação divina ou da interpretação alheia. Portanto, a filosofia deísta valoriza e respeita a capacidade humana de observar, refletir e compreender o mundo com base na razão.

Nós vemos Deus como o Criador que deu à humanidade o dom da autonomia intelectual. Em vez de impor sua vontade diretamente, Deus é percebido como aquele que confiou à humanidade a responsabilidade de explorar e compreender a criação por meio da observação cuidadosa e do pensamento crítico. É como se Deus tivesse escrito a "partitura" do universo, e a humanidade fosse livre para "tocar" a música da verdade por meio da razão.

Essa visão de Deus como um Artífice Divino não apenas influenciou a filosofia deísta, mas também desafiou as narrativas religiosas tradicionais que enfatizavam a intervenção divina constante na vida humana.

Deus como o Grande Arquiteto do universo é uma metáfora frequentemente utilizada pelos deístas para descrever a visão de Deus como Criador. Essa representação de Deus destaca ainda mais a precisão e a ordem inerentes à criação, enfatizando o papel de planejamento meticuloso desempenhado por Ele no design do universo.

Nessa visão, Deus é aquele que definiu as regras do jogo cósmico, estabelecendo a física, a química e as leis naturais que regem o funcionamento do todo. Cada fenômeno, desde o movimento dos planetas até a formação de moléculas, é o resultado da engenhosidade de Deus ao criar um sistema interconectado e harmonioso.

A metáfora do Grande Arquiteto ressalta a precisão e a ordem presentes na criação, evidenciando como Deus projetou um universo repleto de complexidade e beleza. Nós vemos a própria natureza como o resultado desse planejamento divino, onde cada ser e cada elemento desempenham um papel preciso na coreografia da existência.

Essa concepção de Deus como o Grande Arquiteto também realça a autonomia da criação. Assim como um arquiteto projeta uma ponte para que ela possa sustentar o próprio peso, Deus projetou o universo com a capacidade intrínseca de funcionar de maneira autossustentável. Nós acreditamos que Deus não precisa intervir constantemente, pois Ele já estabeleceu as leis e os princípios que tudo regem.

Essa visão de Deus como o Grande Arquiteto não apenas enfatiza a ordem e a precisão presentes na criação, mas também destaca a importância da razão humana na busca pelo entendimento divino. Acreditamos que a observação cuidadosa do mundo ao redor, aliada ao pensamento crítico, é fundamental para desvendar o plano de Deus para a raça humana.

A metáfora do Grande Arquiteto é uma representação poderosa da visão de Deus, enfatizando a beleza, a complexidade e a harmonia do universo, bem como a importância da razão humana na exploração dessa criação divina.

No Deísmo, Deus é um Observador Benevolente, e esta perspectiva vai além da criação divina se estendendo à contínua observação e cuidado de Deus pelo universo. Deus não apenas deu origem ao universo, mas também o observa com cuidado e compaixão, mantendo um interesse ativo em tudo o que acontece dentro da criação.

Nós vemos Deus como aquele que acompanha de perto o desenvolvimento da vida, a evolução das estrelas e a interação das forças naturais. Essa visão reflete a crença de que Deus é benevolente e deseja o bem-estar de sua criação.

A concepção de Deus como um Observador Benevolente influencia profundamente a filosofia deísta, promovendo a ideia de que a ordem e a harmonia no universo são reflexo da sabedoria divina. Nós, os deístas, vemos a complexidade e a interconexão de todas as coisas como evidências do cuidado de Deus ao criar um sistema que permite a vida florescer e prosperar.

Essa visão também destaca a importância da razão humana na busca pelo entendimento divino. Assim como Deus observa com atenção a sua criação, a humanidade é chamada a observar e compreender o mundo com uma mente crítica e um coração compassivo. Por meio da razão, os seres humanos podem buscar a sabedoria divina na ordem e na beleza do universo.

A noção de um Deus Observador Benevolente é uma fonte de inspiração e esperança. A criação é um presente precioso de Deus, repleto de maravilhas a serem exploradas e compreendidas. Essa visão fortalece a convicção de que a busca pelo conhecimento e pela verdade é uma jornada espiritual que nos aproxima de Deus.

Portanto, a visão de Deus como um Observador Benevolente é uma parte fundamental da filosofia deísta, destacando a compaixão e o interesse contínuo de Deus por sua criação, bem como a importância da razão humana na busca pela compreensão divina, a ordem cósmica e a harmonia na natureza são elementos cruciais que refletem a inteligência divina e a sabedoria de Deus.

Nós vemos a precisão das órbitas planetárias, a regularidade das estações e as leis da física que governam o universo como evidências claras da inteligência de um Criador. Cada um desses elementos, quando observados com atenção, revela um plano meticuloso e uma ordem que transcende o acaso.

A ordem e a harmonia presentes na natureza são interpretadas como um testemunho da sabedoria de Deus. Acreditamos que Deus estabeleceu as leis naturais e os princípios que regem o universo, criando assim um ambiente propício para a vida e a evolução. Essa visão enfatiza que o mundo natural não é caótico, mas uma expressão da mente divina.

A ordem cósmica e a harmonia na natureza nos inspiram a contemplar a sabedoria de Deus e a buscar uma conexão mais profunda com o divino. Nós vemos a beleza na simplicidade das leis naturais e na complexidade das interações entre os seres vivos e o ambiente. Cada aspecto da criação é visto como uma manifestação de uma inteligência criativa maior.

Essa compreensão da ordem e da harmonia no universo é um tema central de nossa filosofia. Ela destaca a importância da razão como ferramenta para a observação e a compreensão das leis naturais, pois acreditamos que, ao explorar e estudar o mundo natural com mente aberta e crítica, os seres humanos podem desvendar mais profundamente a sabedoria de Deus que tudo permeia.

Capítulo 7
A Visão Deísta de Deus

Na jornada do deísta em busca do entendimento divino, a concepção de Deus desempenha um papel central e transcendental. Ao mergulharmos nas profundezas do deísmo, é essencial compreender a visão singular que os mestres deístas têm de Deus.

Os deístas acreditam que Deus é uma entidade imaterial, desprovida de forma física. Essa crença contrasta com muitas religiões que retratam divindades como seres antropomórficos. Para os deístas, Deus é uma presença espiritual que permeia o universo, sendo, ao mesmo tempo, a fonte primordial de todas as coisas e a essência que transcende todas as formas. Essa visão imaterial de Deus convida os deístas a se conectarem com a divindade de maneira única, desprovida de rituais e dogmas, buscando uma compreensão mais pessoal.

Além de sua natureza imaterial, os deístas veem Deus como uma entidade transcendental. Isso significa que Deus está além da compreensão humana e não pode ser limitado por conceitos humanos. Os deístas acreditam que a transcendência de Deus é o que possibilita a existência do universo e a ordem natural que o governa. Deus é visto como o arquiteto supremo que estabeleceu as leis do universo e permitiu que a vida florescesse de acordo com essas leis, mas este Deus não intervém diretamente em assuntos humanos.

A visão deísta de Deus convida os adeptos a contemplar o mistério da existência e a buscar o entendimento divino por meio da razão e da observação do que está ao redor. Para os deístas, a busca pelo conhecimento de Deus é uma jornada pessoal e contínua, uma exploração intelectual e espiritual que desafia a mente e nutre a alma. Nesse processo, os deístas se esforçam para compreender o propósito da vida e a conexão entre a existência humana e o plano divino.

O deísmo, com sua visão imaterial e transcendental de Deus, transcende barreiras religiosas e culturais. Ele oferece uma filosofia universal que convida todos a explorar a natureza da divindade de uma forma que respeita a diversidade de crenças e suas perspectivas. Enquanto muitas religiões tradicionais têm representações específicas de Deus, os deístas celebram a simplicidade e a universalidade de sua visão, convidando os indivíduos a encontrar o sagrado no mundo ao redor e dentro de si.

Para compreender a forma deísta de ver Deus, é essencial desvendar as representações antropomórficas que frequentemente dominam as concepções religiosas tradicionais. Os deístas, ao rejeitarem a ideia de um

Deus com forma humana ou com qualquer outra forma que as religiões O representem, desafiam as limitações da mente humana, convidando todos a transcender as imagens comuns associadas à divindade.

Em muitas religiões, Deus é frequentemente retratado com características humanas, como um rosto, braços, pernas e atributos emocionais. Essa antropomorfização de Deus torna-o mais acessível às pessoas, permitindo-lhes relacionar-se com uma figura divina que parece compreensível e próxima. No entanto, os deístas argumentam que essa abordagem reduz a natureza divina e coloca Deus em uma caixa limitada pela imaginação humana.

Neste contexto, é imperioso esclarecer que qualquer figura plástica, que a mente humana tente reproduzir a imagem de Deus, não pode ser concebida nem mesmo pelas mentes mais modestas. É sabido que a forma humana foi uma adaptação biológica necessária à sobrevivência da espécie e que esta forma foi aperfeiçoada ao longo do tempo para ajustar-se às necessidades da evolução natural. É incompreensível que a mente humana racional idealize que um ser imaterial, que não precisou passar por adaptações biológicas, tivesse esta mesma forma.

Os deístas acreditam que a representação de Deus como uma entidade antropomórfica é uma limitação que impede uma compreensão verdadeira de Deus. Eles argumentam que Deus está além da compreensão e, ao tentarmos retratá-Lo com características humanas, corremos o risco de limitar Sua grandiosidade e transcendência. Para os deístas, Deus é uma entidade tão vasta e complexa que a mente não pode concebê-Lo em completude.

Ao rejeitar representações antropomórficas, os deístas convidam os buscadores a olharem além das imagens convencionais de Deus e a explorarem a verdadeira natureza da divindade. Eles enfatizam que a compreensão de Deus deve ser baseada na razão, na observação da ordem natural e na busca contínua pelo conhecimento divino. Essa busca pela verdadeira natureza de Deus é uma jornada intelectual e espiritual que desafia a mente e expande os horizontes da compreensão humana.

Os deístas acreditam que o universo é uma manifestação da vontade divina de um Deus imaterial e transcendental. Em vez de Deus ser uma figura ativa que interfere constantemente na criação, Ele é o criador que estabeleceu as leis naturais que tudo governam. Esse ponto de vista convida os deístas a contemplarem a ordem e a complexidade do universo como evidências da sabedoria divina.

Para os deístas, a natureza imaterial de Deus enfatiza a simplicidade e a universalidade da divindade. Em vez de adotar complexas mitologias ou dogmas religiosos, os deístas encontram beleza na simplicidade de sua visão de Deus como a causa primordial de tudo o que existe. Isso os inspira a apreciar a criação em sua forma mais pura, reconhecendo a presença de Deus na harmonia do mundo natural.

Os deístas veem a natureza imaterial e transcendental de Deus como um convite à responsabilidade humana na preservação e cuidado pela criação. Acreditamos que, como seres racionais, temos o dever de agir de forma ética e moral para proteger o ambiente e promover a harmonia. A compreensão da divindade como transcendental nos lembra que somos parte de uma ordem maior e que nossa conexão com Deus é refletida em nossas ações.

À medida que exploramos a visão deísta de Deus, é fundamental compreender como essa concepção da natureza imaterial e transcendental de Deus se relaciona com a vida humana e a jornada espiritual. Os deístas acreditam que essa visão única da divindade tem implicações profundas para a compreensão da alma, da existência humana e do caminho em busca do conhecimento divino.

No deísmo, a alma humana é vista como uma centelha divina, uma parte da essência transcendental de Deus. Essa visão enraizada na natureza imaterial de Deus destaca a ideia de que cada indivíduo carrega consigo uma conexão intrínseca com o divino. A alma é percebida como imortal, não sujeita à morte física, e sua jornada está ligada à busca pelo entendimento de Deus e à evolução espiritual.

Para os deístas, a busca pelo conhecimento divino é uma jornada pessoal e intelectual que envolve a exploração da própria alma. Acreditamos que, ao cultivar a razão, a ética e a contemplação, os indivíduos podem se aproximar de Deus. A natureza transcendental de Deus serve como inspiração para essa busca contínua, incentivando os deístas a aprofundarem seu entendimento da divindade e do universo.

Os deístas enfatizam a importância da ética como parte integrante da jornada espiritual. Acreditam que o entendimento da moralidade está ligado à compreensão da vontade divina e ao reconhecimento da responsabilidade humana na preservação do equilíbrio e da harmonia no mundo. Essa conexão entre ética e espiritualidade é parte essencial da visão deísta sobre a natureza transcendental de Deus.

Os deístas veem a evolução da alma como um processo contínuo de aprimoramento espiritual. Acreditam que, à medida que a alma busca o conhecimento divino e a conexão mais profunda com Deus, ela avança em direção à transcendência. A alma é vista como parte essencial do plano divino, destinada a retornar à unidade com Deus após sua jornada de busca e evolução espiritual.

Para os deístas, a compreensão de Deus como uma entidade imaterial e transcendental é uma convocação à contemplação. Essa contemplação não se limita a rituais religiosos específicos, mas sim a uma busca intelectual e espiritual que convida os indivíduos a meditarem sobre a natureza do universo e sua relação com Deus. É um chamado para aprofundar a conexão espiritual por meio da reflexão e da busca pelo conhecimento divino.

A visão deísta da alma como uma centelha divina que busca evoluir em direção à transcendência leva ao desejo intrínseco de alcançar a unidade com o criador. Os deístas acreditam que, ao longo de sua jornada espiritual, a alma se aproxima cada vez mais da divindade, transcendendo as limitações da existência humana e retornando à unidade com o transcendental. Essa busca pela unidade com Deus é o objetivo final da jornada espiritual de um deísta.

A experiência da unidade com Deus é considerada um estado de profunda comunhão espiritual. Os deístas acreditam que, ao atingir esse estado, a alma alcança a compreensão completa da divindade e experimenta a sensação de paz, harmonia e plenitude. É a realização máxima da busca pelo conhecimento divino e representa a consumação da jornada espiritual.

No entanto, os deístas também reconhecem que a busca pelo conhecimento divino e pela unidade com Deus é uma jornada contínua. Não é um destino, mas um processo constante de aprimoramento espiritual e reflexão. Os deístas são chamados a continuar aprofundando sua compreensão da divindade e a buscar a unidade com Deus ao longo de suas vidas.

Capítulo 8
A Natureza como Revelação Divina

Como deístas, nós enxergamos a natureza como um livro aberto, um texto divino escrito com a linguagem dos padrões naturais. Cada fenômeno, cada forma e cada ciclo da vida são palavras que revelam a sabedoria divina por trás da criação. A observação atenta desses padrões naturais é essencial para decifrar essa linguagem e para compreender a inteligência que permeia toda a existência.

Nosso olhar crítico e contemplativo sobre os ciclos da vida nos permite vislumbrar a precisão com a qual Deus planejou a natureza. Ao observar a jornada de uma semente que se transforma em uma majestosa árvore, compreendemos que cada estágio desse processo revela um propósito divino. Os deístas veem nesse ciclo de vida a manifestação da criação e a continuidade das maravilhas da natureza.

Além disso, encontramos na simetria das formas naturais um indício claro da sabedoria de Deus. A simetria é uma linguagem universal que transcende barreiras culturais e geográficas, e está presente em toda a criação. Desde a simetria das pétalas de uma flor até a perfeição geométrica dos cristais de gelo, percebemos a mão divina que molda cada detalhe da natureza com precisão e harmonia.

A harmonia dos ecossistemas evidência marcante da inteligência divina. Cada ser vivo, desde as pequenas formigas até as majestosas águias, desempenha papel vital na interconexão dos ecossistemas. A sobrevivência de todos está intrinsecamente ligada à harmonia desses sistemas naturais. Isso nos leva a acreditar que Deus projetou a natureza de forma interdependente, revelando Sua sabedoria na complexidade das relações ecológicas.

Portanto, para nós, a observação atenta e respeitosa dos padrões naturais é um ato de adoração e contemplação. Através dessa linguagem codificada, encontramos as palavras que nos aproximam de Deus. Ao decifrar esses padrões, nos aproximamos de uma compreensão mais profunda da inteligência divina. É como se cada observação cuidadosa fosse uma linha de um poema, e nossa tarefa é ler com reverência e humildade, buscando desvendar os segredos que Deus escreveu na natureza.

Para os deístas, a observação atenta dos padrões naturais não apenas revela a sabedoria divina, mas também permite perceber a profunda unidade subjacente na diversidade da natureza. Cada ser vivo, desde as criaturas minúsculas que habitam os recantos mais secretos da Terra até as majestosas árvores que tocam os céus, é parte interconectada de um todo maior. Essa interconexão reflete a harmonia do universo e age como prova da inteligência criativa que permeia todas as coisas.

Imagine a diversidade de formas de vida que encontramos em nosso planeta. Cada espécie, desde os insetos até os mamíferos, possui características únicas e desempenha funções específicas em seus ecossistemas. No entanto, vemos essa diversidade como reflexo da riqueza do plano divino. Em vez de caos, encontramos ordem; em vez de aleatoriedade, descobrimos propósito.

A unidade na diversidade se torna evidente quando consideramos como os diferentes elementos da natureza se complementam. As plantas, por exemplo, realizam a fotossíntese, produzindo oxigênio vital para a respiração dos animais. Os polinizadores, como as abelhas, desempenham papel fundamental na fertilização das plantas, permitindo a produção de frutas e sementes que servem como alimento para diversas espécies. Essas interações complexas demonstram a dependência mútua que existe entre os seres vivos e os elementos naturais.

Até mesmo fenômenos atmosféricos, como as chuvas, estão interligados com a vida na Terra. As chuvas fornecem a água essencial para a sobrevivência de todas as formas de vida, desde as plantas até os seres humanos. A maneira como a água é distribuída e reciclada na natureza é um exemplo da harmonia que sustenta o equilíbrio ecológico.

Essa unidade subjacente na diversidade da natureza é vista pelos deístas como uma manifestação da inteligência criativa de Deus. Em vez de um Criador que construiu cada elemento da criação de forma isolada, vemos Deus como o Mestre Arquiteto que projetou um sistema interconectado e harmonioso, onde todas as partes desempenham papel vital na coreografia da existência.

Nós, deístas, prestamos profunda reverência pela complexidade e pela interdependência de todas as coisas. Cada organismo, cada elemento natural e cada fenômeno atmosférico são como notas em uma sinfonia divina, contribuindo para a harmonia do universo. Essa compreensão nos inspira a cuidar e preservar a diversidade da natureza, reconhecendo que danos a qualquer parte afetam a beleza e a integridade do todo. A unidade na diversidade é, para nós, uma lição poderosa sobre a inteligência e a ordem que governam o universo.

Para os deístas, a natureza atua como um espelho que reflete a divindade, e essa perspectiva nos convida a contemplar os elementos da natureza como reflexos da inteligência de Deus. A observação atenta da natureza é mais do que uma mera apreciação estética; é uma busca por uma compreensão mais profunda do divino. Acreditamos que, ao examinar a natureza com olhos atentos, encontramos indícios da presença e sabedoria de Deus em todas as coisas.

Imagine-se em um cenário natural, em um ambiente intocado pela influência humana. Você observa as montanhas majestosas, os rios que fluem constantemente, as árvores antigas que se erguem para tocar o céu e as criaturas que habitam essa paisagem. Para nós, cada um desses elementos é um espelho que reflete a divindade de uma maneira única.

As montanhas, com sua solidez imutável ao longo das eras, nos lembram da estabilidade e da constância de Deus. Os rios, com seu fluxo incessante, representam a fluidez da vida e a constante renovação que ocorre no universo. As árvores, que servem como habitat e fonte de alimento para inúmeras criaturas, nos mostram a generosidade e a interconexão que permeiam a criação. As criaturas que habitam esse ambiente exibem uma diversidade incrível de formas e funções, destacando a infinita criatividade de Deus.

A contemplação da natureza não é apenas uma apreciação passiva; é uma busca ativa por compreensão. Os deístas veem a ordem e a beleza presentes na natureza como manifestações da inteligência divina. Cada padrão, ciclo e relacionamento na natureza é uma pista que nos ajuda a desvendar os mistérios da criação.

Essa perspectiva nos leva a buscar o divino não apenas em templos construídos por mãos humanas, mas também nos templos naturais que estão ao redor. Para nós, a natureza é um livro aberto, cheio de lições sobre a presença e a sabedoria de Deus. A cada observação, a cada momento de contemplação, nos aproximamos um pouco mais de Deus.

A ideia fundamental é que, ao olharmos para a natureza, encontramos muito mais do que simplesmente elementos físicos; encontramos uma conexão espiritual com o divino. Nós acreditamos que Deus se revela constantemente por meio da criação, convidando-nos a mergulhar mais profundamente na compreensão do cosmos e do papel de Deus como o Mestre Criador e Observador Benevolente. Portanto, para nós, a natureza é mais do que um mero cenário; é um espelho que reflete a divindade em todos os seus aspectos, nos convidando a uma busca contínua da verdade espiritual.

Para os deístas, a razão desempenha um papel fundamental na interpretação da natureza como revelação divina. Nós vemos a razão como a lanterna que ilumina o caminho na exploração das maravilhas naturais, permitindo-nos desvendar os mistérios da criação e, assim, revelar a inteligência de Deus por trás de tudo.

Imagine que você está em um bosque exuberante, cercado pela vastidão da natureza. À sua frente, você encontra um riacho sinuoso, com águas cristalinas que refletem a luz do sol. Enquanto observa esse cenário, sua mente começa a fazer perguntas. Por que o riacho segue esse curso específico? Como a água flui de forma tão suave? Qual é o propósito das plantas e animais que habitam esse ambiente?

Essas perguntas são o resultado da razão em ação. Os deístas acreditam que a razão é a ferramenta que nos capacita a fazer essas perguntas e buscar respostas por meio da observação perspicaz do mundo natural. Ela nos capacita a examinar os padrões, os ciclos e as interações que ocorrem na natureza e a reconhecer a ordem subjacente.

A aplicação da razão nos ajuda a desvendar os mistérios da criação, revelando a inteligência de Deus por trás de tudo. Quando contemplamos o funcionamento das estrelas e planetas no cosmos, a complexidade da ecologia de um habitat natural ou a intrincada estrutura de uma célula, estamos aplicando a razão para entender como esses elementos se encaixam em um todo maior.

A razão também nos permite apreciar a beleza da natureza de uma maneira mais profunda. Ao compreendermos a complexidade por trás de um fenômeno natural, nossa admiração se intensifica, pois percebemos que estamos testemunhando a obra-prima de um Criador inteligente.

Para os deístas, a razão não é uma inimiga da espiritualidade, mas uma aliada valiosa. Através da razão, somos capazes de buscar a verdade, a sabedoria e a compreensão profunda do divino na criação. Ela nos convida a explorar o mundo natural com mente aberta e curiosa, a fazer perguntas e a buscar respostas com base na observação cuidadosa e na reflexão crítica.

Portanto, a razão desempenha papel central na jornada dos deístas para compreender a natureza como revelação divina. Ela é a luz que ilumina o caminho, permitindo-nos decifrar a linguagem dos padrões naturais, perceber a unidade na diversidade da natureza e contemplar a natureza como um espelho que reflete Deus. Através da aplicação da razão, continuamos nossa busca pela compreensão da inteligência divina que permeia todas as coisas na criação.

À medida que contemplamos a natureza como revelação divina, somos lembrados de que estamos diante de um livro sagrado aberto, cujas páginas estão repletas de maravilhas e segredos que nos aproximam do Criador. Cada observação cuidadosa, cada pergunta feita pela razão e cada momento de contemplação nos conduzem a uma jornada espiritual em busca da verdade e da compreensão da inteligência divina que tece a tapeçaria da existência.

A ciência tem corroborado essa ligação entre o contato com a natureza e o bem-estar humano. Estudos psicológicos demonstraram que a exposição à natureza reduz o estresse e a ansiedade, melhora o humor e promove a sensação de relaxamento. A terapia florestal, conhecida como "shinrin-yoku" no Japão, é um exemplo notável desse fenômeno, associada a benefícios significativos para a saúde mental.

Além disso, pesquisas indicam que o tempo gasto em ambientes naturais está ligado ao aumento da criatividade, concentração e capacidade de resolução de problemas. A teoria da "restauração da atenção" sugere que a natureza proporciona um ambiente que permite que o cérebro descanse e se revitalize, melhorando a capacidade de enfrentar os desafios do dia a dia.

Estudos sobre a "síndrome de déficit de natureza" também mostram que o distanciamento das atividades ao ar livre e da exposição à natureza pode contribuir para problemas de saúde mental, especialmente em crianças. A ligação entre o contato com a natureza e a saúde mental é tão poderosa que muitos especialistas recomendam que as pessoas integrem mais tempo ao ar livre em suas rotinas diárias.

Como resultado, percebemos que a visão deísta sobre a natureza se manifesta de forma intrínseca, pois a grandiosidade da criação de Deus transcende o entendimento completo sobre Deísmo. Mesmo aqueles que não estão familiarizados com os princípios do Deísmo, de alguma forma, sentem uma conexão profunda com a natureza, buscando nela refúgio e paz. Pessoas trilham caminhos serenos, estabelecem acampamentos à beira de rios ou em meio a florestas, refugiam-se em aconchegantes hotéis fazenda e levam seus filhos para brincar nos parques. É como se, de forma subconsciente, o ser humano estivesse programado para buscar Deus onde Sua presença é mais facilmente percebida e sentida.

Portanto, nesse encontro com a natureza, o ser humano não apenas segue uma programação inata, mas também desfruta dos benefícios cientificamente comprovados para a saúde mental, bem-estar emocional e qualidade de vida. É um testemunho da harmonia intrínseca entre a criação divina e a busca humana por paz e conexão espiritual.

Capítulo 9
A Razão como Guia na Exploração do Cosmos

A exploração do universo sempre encantou a mente humana. O desejo de compreender os segredos do universo, desde a vastidão do espaço até as minúcias das leis que o governam, tem sido uma das buscas mais nobres e desafiadoras.

A observação dos astros serve como nosso ponto de partida na busca por respostas. Graças à razão, desenvolvemos telescópios capazes de perscrutar profundamente o céu estrelado. Essas maravilhas da engenharia nos permitem vislumbrar distâncias inconcebíveis e contemplar galáxias distantes. Através da observação e análise sistemáticas, os astrônomos conseguem mapear a estrutura do universo, identificar estrelas, planetas, asteroides e cometas, e traçar a trajetória de corpos celestes.

A razão, contudo, transcende a mera observação. Ela nos capacita a formular perguntas essenciais sobre o cosmos. Por que o universo existe? Como ele começou? Quais são as leis que o regem? Essas indagações instigam a mente humana a buscar respostas, impulsionando a investigação científica e filosófica.

Neste contexto, a razão nos leva a reconhecer a profunda complexidade do universo e nos incentiva a decifrar suas leis fundamentais. A matemática, como linguagem universal, é um instrumento da razão que permite descrever as relações precisas entre os fenômenos celestiais. As teorias científicas, como a teoria da relatividade de Einstein (um Deísta declarado) e a teoria do big bang, são produtos da razão humana que ajudam a entender o universo em escalas macroscópicas e microscópicas.

A exploração espacial, alimentada pela razão e pela curiosidade, representa outro marco na busca para desvendar os segredos celestiais. Os seres humanos construíram sondas e espaçonaves que viajam para planetas distantes, como Marte, Júpiter e Saturno, coletando dados cruciais sobre esses mundos alienígenas. Através da análise dessas informações, expandimos o conhecimento sobre a composição planetária, a atmosfera, a geologia e a possibilidade de vida extraterrestre.

Além disso, a razão nos permite explorar as leis que regem o universo em seu nível mais fundamental. A física teórica, por exemplo, busca compreender a natureza da matéria, da energia e das forças fundamentais que governam tudo o que existe. Por meio de experimentos, equações matemáticas e modelagem computacional, os cientistas continuam a desvendar os mistérios da mecânica quântica, da relatividade, da gravidade e de outras forças que moldam o cosmos.

A busca pelo nosso lugar no vasto universo é uma jornada que a razão convida a empreender. Ela nos impulsiona a questionar nossa origem, nosso propósito e conexão com o universo, levando-nos a explorar as complexidades da existência humana em relação ao espaço sideral.

A razão nos incentiva a investigar nossa própria história cósmica. Por meio de estudos e descobertas científicas, começamos a compreender que os elementos químicos que compõem nosso corpo, como o carbono, o oxigênio e o ferro, foram forjados nas profundezas das estrelas. Somos, de fato, filhos das estrelas, feitos dos mesmos materiais que brilham nos céus noturnos. Esse entendimento nos conecta de forma profunda com o cosmos, fazendo-nos questionar nossa relação com o universo e como nossa existência está intrinsecamente ligada a ele.

Além disso, a razão nos leva a explorar o conceito de habitabilidade em outros planetas. A busca por exoplanetas, mundos além do nosso sistema solar, é alimentada pelo desejo de encontrar outros lugares onde a vida possa existir. Isso nos leva a ponderar sobre a possibilidade de vida extraterrestre e sobre nosso lugar em um universo potencialmente povoado por outras civilizações. A razão nos incentiva a considerar as implicações filosóficas, éticas e científicas dessa busca.

A busca pelo nosso lugar nas estrelas também nos leva a questionar nosso propósito na grande tapeçaria cósmica. Refletimos sobre por que estamos aqui, qual é o significado de nossas vidas e como contribuímos para a compreensão e preservação do universo. Essas questões transcendentais levam à filosofia e à busca de um propósito que transcende nossa existência terrestre.

Somos impulsionados a explorar o espaço e a investigar o desconhecido, na esperança de encontrar respostas para perguntas mais profundas. As missões espaciais, como a exploração de Marte e a busca por planetas habitáveis, representam a busca ativa pelo nosso lugar nas estrelas. Através dessas empreitadas, nos aproximamos da compreensão de nossa origem cósmica, de nosso propósito no universo e de nossa conexão com outras formas de vida.

A exploração espacial é, sem dúvida, uma das manifestações mais impressionantes da capacidade humana de aplicar a razão na busca de conhecimento. À medida que as fronteiras da exploração se expandem além dos confins da Terra, somos lembrados da grandiosidade do universo e do papel central da razão nessa empreitada.

A razão, como ferramenta de questionamento e descoberta, impulsiona a exploração espacial. Desde os primórdios da astronomia até os dias atuais, a humanidade vem observando os astros com olhos curiosos e mente analítica. Astrônomos e cientistas, estudam os movimentos dos planetas, a órbita das estrelas e a formação das galáxias, desvendando os mistérios do universo.

A exploração espacial é uma extensão natural desse desejo de compreender o cosmos. Por meio de missões espaciais, telescópios avançados e sondas interplanetárias, a razão permite investigar corpos celestes mais de perto do que nunca. Descobrimos luas geladas, vulcões em outros mundos, tempestades em gigantes gasosos e até mesmo sinais de água em Marte, tudo graças à aplicação da razão na exploração espacial.

No entanto, a exploração espacial não se limita à mera coleta de dados. Ela também nos permite contemplar a grandeza do cosmos e nossa posição nele. Quando vemos imagens da Terra vista do espaço, somos confrontados com a fragilidade e a beleza de nosso planeta. Essa perspectiva única nos lembra da importância de cuidar de nossa casa comum e de preservar o meio ambiente.

Além disso, a exploração espacial nos desafia a pensar além dos limites terrestres. Quando os seres humanos pisaram na Lua pela primeira vez, foi um feito monumental da razão e da engenhosidade humana. Isso nos inspira a pensar em nossas próprias limitações e a considerar o que mais podemos alcançar quando usamos a razão como aliada.

A exploração espacial é uma demonstração da busca constante do conhecimento e da compreensão do desconhecido. É um testemunho da determinação humana de superar desafios aparentemente insuperáveis, de empregar a razão para resolver problemas complexos e de explorar os mistérios do universo. Cada missão espacial é uma expressão do desejo humano de ampliar os horizontes e buscar respostas para as perguntas mais profundas sobre o universo e a própria existência.

A interseção entre a ciência e a espiritualidade cósmica é um campo fértil para a aplicação da razão humana. Enquanto a ciência busca compreender o universo através da observação e do método científico, a espiritualidade cósmica explora a conexão entre o ser humano e o cosmos de uma perspectiva mais transcendental. A razão desempenha papel crucial ao nos ajudar a entender como esses dois caminhos se entrelaçam e enriquecem a compreensão do universo e de nosso lugar nele.

A ciência, com sua abordagem objetiva e metodológica, proporciona uma visão detalhada e precisa do universo. Astrônomos e físicos, usando telescópios e instrumentos avançados, estudam a estrutura do espaço-tempo, a formação de estrelas e galáxias, e os processos fundamentais que tudo governam. A razão é a luz que guia esses cientistas, permitindo-lhes decifrar os segredos do cosmos, como a teoria da relatividade de Einstein (um notório Deísta) e a teoria do Big Bang.

Por outro lado, a espiritualidade cósmica busca entender o significado e a conexão mais profunda entre o ser humano e o cosmos. Para muitos, contemplar as estrelas e a vastidão do universo evoca um sentimento de admiração e reverência que transcende a compreensão científica. A razão ajuda a explorar essas questões, permitindo a reflexão sobre como nossa existência está intrinsecamente ligada ao universo e à ordem cósmica.

A interseção entre ciência e espiritualidade se torna evidente quando reconhecemos que a busca da verdade em ambas as áreas pode coexistir harmoniosamente. Muitos cientistas e filósofos, inspirados pela maravilha do universo, encontram significado e espiritualidade na exploração do cosmos. A aplicação da razão nos leva a questionar não apenas o "como" das leis naturais, mas também o "por quê" por trás delas.

A razão também nos permite reconhecer que a ciência e a espiritualidade não são mutuamente exclusivas, mas complementares. A compreensão científica do universo não invalida a busca espiritual por significado e propósito. Em vez disso, elas se entrelaçam, oferecendo uma visão mais completa e enriquecedora do cosmos.

Nesse contexto, a razão nos encoraja a abraçar a complexidade e a diversidade de perspectivas sobre o universo. Ela nos incentiva a manter uma mente aberta para as descobertas científicas e para as profundezas da espiritualidade. Ao fazê-lo, somos capazes de construir uma compreensão mais profunda e significativa do cosmos e de nosso lugar nele.

A interseção entre a ciência e a espiritualidade é um lembrete de que a razão humana pode iluminar diferentes facetas da mesma realidade. À medida que continuamos a explorar o cosmos, guiados pela luz da razão, podemos encontrar respostas tanto no mundo objetivo da ciência quanto no mundo subjetivo da espiritualidade. Essa integração nos enriquece como seres humanos, permitindo-nos contemplar o mistério e a majestade do universo de maneira mais completa e profunda.

Ao concluir este capítulo sobre o papel da razão na compreensão do cosmos, é intrigante notar que uma das personalidades mais notórias na história da ciência, Albert Einstein, professava a fé Deísta. Einstein, cuja teoria da relatividade revolucionou a compreensão do espaço e do tempo, via o universo como um testemunho da ordem e da elegância que a razão humana poderia desvendar. Ele acreditava que apenas o deísmo se ajustava à sua espiritualidade, pois apenas através do Deísmo que ele conseguia enxergar Deus.

Capítulo 10
A Liberdade Intelectual no Deísmo

Na jornada do Deísmo, a liberdade intelectual assume papel de destaque, sendo não apenas uma virtude, mas um pilar fundamental que sustenta na compreensão de Deus e do universo. O Deísmo, como filosofia religiosa, se destaca pela maneira como permite que os indivíduos se aproximem da verdade de forma independente, exercendo a faculdade da razão.

Desde os seus primórdios, o Deísmo foi moldado por um profundo respeito pela razão. Acreditamos que a mente humana é dotada da capacidade inata de discernimento, uma centelha da divindade que nos permite buscar a verdade de maneira lógica e coerente. Essa crença na primazia da razão é o cerne de nossa abordagem à liberdade intelectual.

No Deísmo, a liberdade intelectual começa com a liberdade de questionar. Nós não apenas permitimos, mas também encorajamos indagações profundas sobre os mistérios do universo e da existência humana. Questionar é a base do progresso intelectual, e é por meio do questionamento que começamos a desvelar os véus que ocultam a verdade divina.

Nossa liberdade intelectual também se estende à liberdade de investigar. Incentivamos os indivíduos a explorar, pesquisar e adquirir conhecimento por meio da observação, do estudo e da análise crítica. A ciência e a filosofia, como instrumentos da razão, são aliadas valiosas na busca pela verdade. Não vemos essas disciplinas como ameaças à fé, mas como complementos que enriquecem a compreensão de Deus.

Entretanto, a liberdade intelectual no Deísmo não é uma jornada solitária, mas uma busca coletiva pela verdade. Valorizamos a troca de ideias, o diálogo respeitoso e o compartilhamento de conhecimento. Através do debate saudável e da discussão aberta, aprimoramos nossa compreensão e auxiliamos outros a encontrarem seu próprio caminho na busca pela verdade.

Nossa filosofia de liberdade intelectual também se reflete na atitude em relação às Escrituras e às tradições religiosas. No Deísmo, acreditamos que nenhuma escritura ou tradição deve ser imposta dogmaticamente. Em vez disso, convidamos os indivíduos a examinarem essas fontes de sabedoria com a luz da razão, explorando-as criticamente em busca das verdades universais que podem conter.

É importante destacar que nossa liberdade intelectual não se limita à esfera religiosa, mas se estende a todos os aspectos da vida. Acreditamos que a razão deve guiar nossas escolhas éticas, políticas e sociais, permitindo-nos tomar decisões informadas e justas. Ao fazê-lo, contribuímos para um mundo mais consciente e compassivo.

A liberdade intelectual no Deísmo não é apenas um direito, mas também uma responsabilidade. Através dela, cada indivíduo é convocado a buscar ativamente a verdade, a compreender o divino e a contribuir para o bem-estar da humanidade. É uma jornada de autodescoberta, crescimento espiritual e contribuição para um mundo mais iluminado.

A razão desempenha papel central na busca da verdade no Deísmo, capacitando os deístas a questionar conceitos e dogmas religiosos estabelecidos. Acreditamos que a razão é a ferramenta mais valiosa que possuímos para compreender Deus e desvendar os mistérios do universo.

No Deísmo, vemos a razão como uma dádiva divina, uma faculdade que nos separa dos seres irracionais. Enquanto os animais operam principalmente por instinto, os seres humanos têm a capacidade de raciocinar, questionar e buscar respostas. É através dessa capacidade de raciocínio que começamos a sondar as profundezas da existência e a questionar o significado da vida.

A razão nos permite avaliar criticamente as crenças e os ensinamentos religiosos que nos são apresentados. No Deísmo, não aceitamos dogmas sem questionamento. Em vez disso, usamos a razão como um farol para discernir a verdade da superstição, a realidade da mitologia e a sabedoria da tradição. Acreditamos que, se Deus nos deu a capacidade de raciocinar, Ele deseja que a usemos para buscar a verdade, inclusive sobre Ele mesmo.

Essa abordagem da razão como guia na busca da verdade divina também se estende à interpretação das Escrituras e das tradições religiosas. Enquanto muitas religiões insistem em interpretações literalistas de seus textos sagrados, no Deísmo, usamos a razão para examinar esses textos de maneira crítica e contextual. Reconhecemos que as Escrituras podem conter significados simbólicos e alegóricos, e a razão nos ajuda a discernir esses significados mais profundamente.

Um aspecto fundamental do papel da razão no Deísmo é a ideia de que apenas a razão pode nos conduzir ao conhecimento de Deus. Sabemos que seres irracionais, desprovidos da capacidade de questionar e raciocinar, não podem compreender a natureza de Deus. A razão é o meio pelo qual nos aproximamos do criador, examinando as evidências da criação e buscando entender a ordem e a harmonia do universo. Não há sentido em buscar Deus apenas aceitando, sem questionar, dogmas impostos por ideologias religiosas.

Ao questionar e explorar com a ajuda da razão, os deístas têm a oportunidade de forjar uma conexão pessoal com Deus. Em vez de aceitar cegamente as crenças religiosas, somos desafiados a buscar nossa própria compreensão do Criador. Essa jornada de autodescoberta espiritual é enriquecida pela capacidade de raciocinar de forma independente e pela liberdade de questionar conceitos religiosos estabelecidos.

A liberdade intelectual no Deísmo, aliada à razão, nos capacita a explorar as profundezas do conhecimento divino, sem as restrições de dogmas e doutrinas rígidas. É uma jornada que nos convida a questionar, a buscar respostas e a crescer em nossa compreensão de Deus.

O deísmo, como filosofia de busca da verdade por meio da razão, promove a liberdade religiosa e o respeito pela diversidade de crenças. No cerne do deísmo está o reconhecimento de que a busca espiritual é uma jornada pessoal que cada indivíduo tem o direito de seguir seu próprio caminho.

A liberdade religiosa no Deísmo é vista como um valor essencial. Acreditamos que forçar a aceitação de crenças religiosas ou doutrinas é contraproducente e prejudicial à verdadeira busca da compreensão divina, é como afastar o homem de Deus.

Os deístas valorizam a diversidade de perspectivas religiosas e reconhecem que diferentes tradições espirituais oferecem abordagens únicas para a compreensão do divino. Em vez de rejeitar ou condenar outras crenças, o Deísmo convida a uma abordagem de respeito e diálogo inter-religioso.

O pluralismo religioso no Deísmo é uma extensão natural da liberdade religiosa. Acreditamos que todas as tradições religiosas têm algo a contribuir para a compreensão de Deus. Portanto, estamos abertos ao aprendizado com diversas crenças e filosofias espirituais.

A razão desempenha um papel crucial na promoção desse pluralismo e respeito religioso. É a razão que nos permite avaliar criticamente nossas próprias crenças e estar dispostos a considerar outras perspectivas. Através do exercício da razão, podemos discernir a verdade entre as diversas crenças religiosas e encontrar pontos de convergência entre elas.

O Deísmo reconhece que, embora as crenças religiosas possam diferir, muitas vezes compartilham um desejo comum de compreender Deus e buscar um propósito maior na vida. Essa compreensão compartilhada pode servir como ponto de partida para o diálogo inter-religioso e a cooperação em questões éticas e morais.

A liberdade religiosa e o pluralismo no Deísmo também se estendem à esfera política. Os deístas historicamente apoiaram a separação entre igreja e Estado, defendendo o direito de cada pessoa a sua própria liberdade de consciência e religião. Essa visão alinha-se com a ideia de que a busca espiritual deve ser uma escolha pessoal, não imposta pelo governo ou por instituições.

O Deísmo é, por natureza, uma filosofia que valoriza a busca contínua pela verdade. Ele nos convida a explorar o universo e a compreender Deus através da razão, da observação e do questionamento. No cerne do Deísmo está a ideia de que a verdade não é um ponto final, mas uma jornada constante de descoberta e autodescoberta. A liberdade intelectual no Deísmo nos permite abraçar essa jornada sem medo, e a razão é a luz que nos guia nessa busca incessante pelo conhecimento divino.

Encorajados pelo Deísmo, somos lembrados de que a verdade não é uma entidade estática, mas um rio em constante fluxo. Através da razão, somos capacitados a navegar nesse rio, a explorar suas curvas e correntezas, a mergulhar nas profundezas e a alcançar novas margens. Cada pergunta, cada investigação, cada descoberta é um passo adiante.

No Deísmo, a busca pela verdade é uma expressão de nossa liberdade intelectual. Somos livres para questionar, desafiar, refletir e explorar. Não estamos vinculados por dogmas inflexíveis ou por limitações impostas por autoridades religiosas. A razão é nossa bússola, e a liberdade é nossa companheira de viagem.

Ao abraçar o Deísmo como uma filosofia da busca pela verdade, reconhecemos que a compreensão de Deus é uma jornada sem fim. Cada nova descoberta é apenas um ponto de partida para uma nova indagação. Cada resposta encontrada levanta novas questões. É nessa busca incessante que encontramos nossa verdadeira liberdade intelectual.

No Deísmo, a verdade não é uma prisão, mas as asas que nos permitem voar mais alto, explorar mais profundamente e compreender mais plenamente o universo e nosso lugar nele. É uma busca que nos desafia, nos inspira e nos enriquece como seres humanos.

No Deísmo, nossa liberdade intelectual é a chave que abre as portas do desconhecido e nos convida a explorar os horizontes infinitos do entendimento de Deus. Cada passo nessa jornada é uma celebração da mente humana, uma ode à capacidade de questionar, raciocinar e descobrir. Somos livres, não para nos afastarmos de Deus, mas para nos aproximarmos Dele com um olhar curioso e uma mente aberta. Nossa busca pela verdade é a trilha que nos leva ao coração do universo. Assim, no Deísmo, encontramos a liberdade que nos eleva, nos enriquece e nos conecta ao divino de maneira única e profunda.

Capítulo 11
A Busca Contínua pela Verdade Divina

Acreditamos que a busca pela verdade divina é uma jornada contínua, sustentada por princípios fundamentais. Começamos com o primado da razão. A razão nos dota da capacidade inata de discernir, permitindo-nos analisar e questionar os mistérios do universo de maneira lógica e coerente. Deus nos deu a capacidade de raciocinar, e Ele deseja que a usemos.

Com a razão, a liberdade intelectual é outro princípio essencial. Encorajamos profundamente o questionamento, pois entendemos que ele é a base do progresso intelectual. O questionamento nos permite desvendar os véus que ocultam a verdade divina sob dogmas que impõem uma compreensão pronta que, em nossa visão, nos afasta de Deus em vez de nos aproximarmos Dele. A liberdade de questionar, de desafiar convenções e de explorar os mistérios da existência é o que nos impulsiona.

Enquanto muitas religiões insistem em interpretações literalistas de seus textos sagrados, no Deísmo, usamos a razão como guia para examinar esses textos de maneira crítica e contextual. Reconhecemos que as Escrituras podem conter significados simbólicos e alegóricos, e a razão nos ajuda a discernir esses significados mais profundos. Portanto, não aceitamos dogmas sem questionamento, em vez disso, buscamos a verdade divina através da exploração crítica dessas fontes.

Esses princípios, a razão, a liberdade intelectual e a abordagem crítica, são pilares que sustentam nossa filosofia de vida, capacitando-nos a explorar e compreender Deus de maneira profundamente enraizada na razão e na busca incessante pelo conhecimento divino. Com esses princípios firmemente estabelecidos, nossa jornada avança para a compreensão contínua sobre Deus.

Como mencionado anteriormente, podemos observar a evolução do pensamento deísta, demonstrando que a busca pela verdade divina não é um processo estático, mas uma jornada de crescimento e aprofundamento da compreensão de quem realmente é Deus. A razão desempenha papel central nessa evolução.

A razão nos permite questionar conceitos e dogmas religiosos estabelecidos, avaliar criticamente as crenças e os ensinamentos religiosos, bem como examinar as Escrituras e tradições religiosas de maneira crítica e contextual. Através da razão, começamos a sondar as profundezas da existência e a questionar o significado da vida. Portanto, é a razão que impulsiona a evolução do pensamento deísta, a mesma razão que retirou o Homo sapiens das cavernas.

Ao longo da história, os deístas têm desempenhado papel fundamental na evolução do pensamento. Muitos filósofos, pensadores e líderes religiosos deístas contribuíram para o desenvolvimento e a promoção do deísmo como a filosofia que valoriza a razão, a liberdade intelectual e a busca pela verdade. Suas obras e ideias enriqueceram e aprofundaram a compreensão de Deus no contexto de nossa filosofia.

A evolução do pensamento deísta também é evidenciada pelo reconhecimento da importância da diversidade de perspectivas religiosas e da busca pela tolerância. Como seres humanos, temos uma diversidade de concepções. Algumas pessoas se encontram na fé pronta e aceitam os dogmas traçados por interpretações alheias, mas os deístas são aqueles que não podem conceber que o Deus, em quem acreditam, os tenha colocado diante de questões que a razão, entendida como a capacidade de compreender, não possa conceber.

Neste sentido, o deísmo se destaca no amplo espectro das crenças espirituais como uma filosofia racional e individualista. Ele oferece a cada pessoa a oportunidade de abordar a questão de Deus com liberdade de pensamento e profunda apreciação pela diversidade de perspectivas. Para os deístas, a espiritualidade é uma jornada pessoal, na qual a razão e a introspecção são ferramentas essenciais. Reconhecemos a existência do Deus criador do universo, mas não aceitamos a ideia de Sua intervenção direta na vida cotidiana. Em vez disso, buscamos compreender Deus por meio do estudo reflexivo, do diálogo e da exploração das crenças. O conhecimento é adquirido por meio do estudo reflexivo e esforço pessoal; todos os avanços da ciência têm suas raízes no estudo. É por meio do estudo que você está lendo este livro agora, foi necessário um estudo anterior para que você pudesse compreender a representação gráfica das letras. Sem o estudo as palavras contidas neste livro seriam apenas desenhos sem sentido, não seria de se esperar que a compreensão sobre Deus também seja alcançada pelo mesmo meio, ou seja, pelo estudo e não pela aceitação?

Nessa busca pelo entendimento do divino, os deístas se engajam em diálogos inter-religiosos, abrindo-se para a riqueza das visões espirituais variadas. Eles respeitam que cada tradição religiosa tem algo a ensinar sobre Deus. A diversidade de perspectivas amplia sua própria visão do divino e cultiva um profundo respeito pela pluralidade religiosa. No entanto, os deístas também preservam um princípio fundamental: a busca espiritual deve ser sincera e desinteressada. Quando as religiões são usadas para fins que não sejam a aproximação do homem e de Deus, quando interesses mundanos se misturam à busca espiritual, essa concepção religiosa perde credibilidade.

Assim, o deísmo representa uma abordagem intelectualmente desafiadora e respeitosa em relação à religião e à espiritualidade. É uma filosofia que celebra a diversidade de crenças enquanto mantém a importância de preservar a integridade na busca pela verdade divina. Em um mundo repleto de perspectivas espirituais, os deístas buscam equilibrar o poder da razão com a profundidade da busca pelo divino, moldando uma visão de mundo que valoriza a liberdade de pensamento e o respeito pelas escolhas individuais.

Capítulo 12
A Síntese da Razão Deísta

Ao explorar a essência do Deísmo, é impossível não notar a profunda relação entre a razão e a natureza divina. Como mestre deísta, minha jornada ao longo dos anos me permitiu explorar as maravilhas dessa conexão e compartilhar insights sobre como a razão se aplica à compreensão da natureza de Deus.

O Deísmo é uma filosofia que abraça a razão como um farol. Ao contrário de muitas tradições religiosas que impõem interpretações rígidas, aqui somos incentivados a usar nossa capacidade inata de discernir. A razão é a chama que nos guia, permitindo a transcendência de conceitos pré-concebidos dos dogmas religiosos.

Minha jornada me ensinou que a razão é mais do que uma ferramenta intelectual. Ela é aliada na busca pela compreensão da natureza divina. Ela convida a questionar, a analisar e a mergulhar nas profundezas da existência, incluindo a própria natureza de Deus. Cada passo nessa jornada revela novas camadas de entendimento.

A razão nos ajuda a ir além das aparências superficiais e a sondar a essência de Deus. Ela nos permite explorar o significado da vida e nossa conexão com o divino de maneira lógica e coerente. Como mestre deísta, compartilho essa visão com a esperança de que outros também possam trilhar esse caminho de autodescoberta e crescimento espiritual.

Ao explorar a relação entre a razão e o Deísmo, um aspecto fundamental que merece destaque é o papel dessa faculdade intelectual como uma ferramenta de análise teológica. Como mestre deísta, é um privilégio compartilhar como a razão desempenha papel crucial em nossa capacidade de examinar textos religiosos de maneira crítica e enxergar além das palavras ou das interpretações prontas.

No ensinamento deísta, entendemos que as Escrituras podem conter significados simbólicos e alegóricos que muitas vezes são obscurecidos por interpretações literalistas. É aqui que a razão entra em cena como luz que dissipa a escuridão da interpretação restrita. Ela nos capacita a ler nas entrelinhas, a questionar as suposições preestabelecidas e a buscar um entendimento mais profundo.

Minha jornada me levou a explorar textos religiosos com uma perspectiva crítica, reconhecendo que a verdade muitas vezes reside em camadas mais profundas do que as palavras aparentam. A razão nos ajuda a desvendar essas camadas, revelando os tesouros de sabedoria e significado que podem passar despercebidos para aqueles que se contentam com uma compreensão superficial.

A análise teológica no Deísmo não é uma mera atividade intelectual; é uma busca pelo conhecimento divino que transcende as fronteiras do dogma e da doutrina. É uma jornada de autodescoberta que nos leva a questionar, a refletir e a expandir a compreensão de Deus. A razão é a nossa bússola nessa jornada, orientando a exploração das verdades profundas e muitas vezes ocultas nas escrituras.

No Deísmo, reconhecemos que o universo é um vasto e intricado sistema, cuidadosamente arquitetado pelo Criador. A harmonia universal é a manifestação dessa ordem divina, e é através da razão que podemos começar a decifrar seus mistérios. A razão nos permite contemplar as leis naturais que governam o funcionamento do universo e apreciar a beleza da coerência e simetria que encontramos em toda a criação.

Minha jornada me levou a contemplar a harmonia universal com um profundo senso de reverência. Ao observar os padrões repetidos na natureza, desde a estrutura de uma flor até a órbita dos planetas, a razão me ajuda a reconhecer que há uma inteligência subjacente que guia todos esses fenômenos. É a razão que me permite investigar esses padrões e revelar a ordem que reside neles.

A busca da harmonia universal é uma jornada de maravilhas e descobertas, na qual a razão atua como lanterna que ilumina o caminho. À medida que mergulhamos mais profundamente na compreensão dessa harmonia, começamos a vislumbrar a unidade subjacente a todas as coisas. A razão nos ajuda a ver como todos os elementos do universo estão interligados, como partes de um grande quebra-cabeça cósmico.

O Deísmo abraça a ideia de que a ciência e a espiritualidade não precisam ser separadas, mas complementares. A razão desempenha um papel crucial nesse entendimento, permitindo-nos examinar o mundo natural com curiosidade científica, ao mesmo tempo, em que exploramos as dimensões espirituais da existência.

A razão me guiou por um caminho que valoriza a evidência observável no mundo natural e a pesquisa científica como meio para compreender como Deus opera por meio de leis naturais. A ciência, sob a luz da razão, não é vista como uma ameaça à espiritualidade, mas como ferramenta que permite desvendar os mistérios da criação divina.

É a razão que ajuda a apreciar a beleza da harmonia entre a ciência e a espiritualidade. Ao invés de ver essas duas perspectivas como conflitantes, somos incentivados a enxergá-las como partes de um todo maior. A razão nos permite integrar nossa compreensão científica do mundo com nossa busca espiritual pelo divino.

Capítulo 13
A Ciência como Aliada na Busca pelo Divino

A complexa relação entre ciência e espiritualidade levanta frequentemente a questão de se essas abordagens são conflitantes ou complementares. É importante notar que a ciência e a espiritualidade abordam diferentes aspectos da existência humana. A ciência se dedica a investigar o "como" das coisas, buscando compreender os processos naturais e as leis que governam o universo. Por outro lado, a espiritualidade se concentra no "por quê" e no significado mais profundo da existência, explorando questões relacionadas à moral, propósito e transcendência.

Uma abordagem harmoniosa entre ciência e espiritualidade envolve a aceitação de que essas duas perspectivas podem coexistir e até enriquecer uma à outra. Muitos cientistas e pensadores encontraram na pesquisa científica uma fonte de espiritualidade. Ao observar a complexidade e a ordem do universo, eles são inspirados a explorar questões mais profundas sobre a existência e a natureza divina.

A astronomia e a astrofísica são campos científicos que frequentemente levam as pessoas a contemplar o universo com admiração e reverência. Ao explorar a vastidão do espaço e as maravilhas do universo, a ciência oferece uma janela para a grandiosidade da criação. Muitas vezes, essa exploração científica amplia a compreensão de Deus, levantando questões sobre o papel divino na formação do universo.

Existem áreas em que a ciência e a espiritualidade convergem em suas explorações. Por exemplo, a teoria do Big Bang, amplamente aceita na cosmologia, descreve a origem do universo a partir de um estado de alta densidade e temperatura. Alguns veem nesse evento cósmico a manifestação da vontade de Deus de criar o universo. Além disso, a complexidade da vida na Terra e a teoria da evolução também levantam questões sobre como a vida se encaixa no plano divino.

A ciência pode ser vista como uma ferramenta valiosa na jornada espiritual. A busca pelo conhecimento científico não apenas enriquece a compreensão do mundo natural, mas também fortalece a fé ao revelar a beleza e a harmonia das leis da natureza. Muitos acreditam que a busca pela verdade divina pode ser enriquecida por uma compreensão mais profunda do cosmos e dos mistérios da existência desvendados pela ciência.

A exploração científica do universo, especialmente nos campos da astronomia e astrofísica, tem sido uma busca constante para compreender os segredos do universo. Essa exploração oferece insights valiosos sobre a natureza do cosmos, suas origens e sua complexidade. Esses insights, por sua vez, têm impacto significativo em como percebemos o divino e podem enriquecer nossa jornada espiritual.

A astronomia permite contemplar a vastidão do espaço, com bilhões de galáxias, estrelas e planetas. Essa imensidão cósmica frequentemente evoca um senso de maravilha e reverência. Muitos consideram essas descobertas científicas como a manifestação da grandiosidade de Deus, questionando como um universo tão vasto e complexo pode ter surgido.

Na jornada espiritual, as estrelas e planetas muitas vezes desempenham papel simbólico. Eles são vistos como pontos de referência no céu noturno, orientando pessoas em suas buscas por significado. A ciência astronômica, ao revelar a natureza e a formação desses corpos celestes, amplia a compreensão de como o cosmos desempenha papel nas crenças e práticas espirituais.

Um dos aspectos filosóficos que a ciência astronômica pode corroborar é a origem do universo a partir de uma grande explosão, o chamado "Big Bang". Esse evento gigantesco gerou os elementos primordiais que, a princípio, formaram apenas poeira cósmica. Essa poeira foi se agrupando e formando moléculas de outros elementos que, mais tarde, dariam origem a tudo o que conhecemos. Nesse contexto, pode-se afirmar que você é parte do universo, pois tudo o que o compõe já estava presente nas primeiras poeiras cósmicas. De forma poética, posso afirmar que você sempre existiu e sempre existirá.

A astrofísica explora a evolução do universo, desde o Big Bang até a formação de galáxias, estrelas e planetas. Essa narrativa científica sobre a história do universo levanta questões sobre como o plano divino pode estar relacionado à expansão e ao desenvolvimento do universo. Muitos veem a ciência como uma maneira de decifrar os mistérios da criação divina.

A exploração científica do cosmos não apenas aumenta nossa compreensão do universo, mas também enriquece a jornada espiritual. Através do conhecimento científico, podemos apreciar ainda mais a complexidade e a beleza da criação divina. A exploração do espaço nos lembra da vastidão do cosmos e da pequenez da Terra, o que pode inspirar um senso de humildade e reverência em relação ao divino.

A ciência é conhecida por seu rigoroso método científico que se baseia na observação, experimentação, análise crítica e formulação de hipóteses testáveis. Essa abordagem, centrada na evidência empírica, pode ser adaptada para investigar questões espirituais e religiosas, promovendo uma busca mais fundamentada e informada pelo conhecimento divino.

O método científico encoraja uma abordagem crítica para avaliar e examinar as crenças religiosas. Isso não implica necessariamente em desacreditar tais crenças, mas em submetê-las a um escrutínio racional e empírico. Através da análise crítica, podemos entender melhor as bases das crenças religiosas e como elas se relacionam com nossa busca por Deus.

A espiritualidade muitas vezes lida com experiências pessoais e transcendentais. A aplicação do método científico nos ajuda a examinar essas experiências sob uma perspectiva empírica. A pesquisa científica sobre experiências espirituais, meditação, oração e estados alterados de consciência fornece uma compreensão mais sólida sobre como essas práticas afetam a conexão com Deus.

O método científico também nos encoraja a formular hipóteses testáveis relacionadas à espiritualidade e à busca pelo conhecimento divino. Isso significa que podemos desenvolver questões e teorias que podem ser investigadas empiricamente, permitindo uma busca mais sistemática e direcionada à verdade divina.

A aplicação do método científico na busca pelo conhecimento divino não significa necessariamente conflito entre ciência e religião. Pelo contrário, isso pode abrir caminho para uma integração mais harmoniosa entre as duas perspectivas. A ciência pode fornecer insights valiosos que complementam as crenças espirituais, criando uma abordagem mais holística para a compreensão de Deus.

Um dos desafios mais significativos na integração de ciência e espiritualidade é o conflito aparente entre crenças religiosas e descobertas científicas. Em alguns casos, as interpretações literais de textos religiosos podem entrar em conflito direto com os conhecimentos científicos estabelecidos. Por exemplo, a teoria da evolução pode ser vista como desafiadora para algumas interpretações criacionistas das religiões monoteístas. Esses conflitos podem criar dilemas para aqueles que buscam uma compreensão mais ampla de Deus.

O que se construiu ao longo das eras pelos sistemas religiosos criou uma barreira, ao mesmo tempo, em que acomodou os dogmas religiosos tão profundamente na subconsciência coletiva que mesmo não podendo refutar a ciência, questões como a evolução da espécie ou o Big Bang, são vistas com ceticismo por religiosos mais fervorosos.

Para superar os desafios na integração de ciência e espiritualidade, é essencial adotar uma abordagem que valorize ambas as perspectivas. Isso envolve reconhecer que a ciência e a espiritualidade são domínios distintos, cada um com seu próprio escopo e métodos. A ciência busca explicar o "como" do universo, enquanto a espiritualidade lida com o "por quê" e o significado profundo da existência.

Uma abordagem que muitos adotam para reconciliar crenças religiosas com a ciência é a interpretação não literal de textos religiosos. Em vez de considerar esses textos como descrições literais de eventos, eles podem ser vistos como alegóricos ou simbólicos. Isso permite que as pessoas mantenham suas crenças espirituais enquanto aceitam as descobertas científicas.

Neste contexto, podemos afirmar que nem toda a água contida nos oceanos, ou mesmo em suspensão, seria suficiente para inundar todo o planeta, como citado em algumas escrituras. A impossibilidade científica do evento conhecido como dilúvio torna necessária a aceitação de que sua descrição é apenas alegórica. Esse é um ponto crucial, afinal, a não aceitação da descrição como uma citação alegórica implicaria que a afirmativa da ocorrência do dilúvio, segundo a ciência, não corresponderia à verdade e isso colocaria o resto do conteúdo do livro onde o texto está inserido em dúvida.

Desta forma, a abordagem flexível permite que tanto a ciência quanto a espiritualidade coexistam de maneira mais harmoniosa, reconhecendo que cada uma delas desempenha um papel distinto na busca pelo conhecimento de Deus. Isso não apenas enriquece a compreensão do divino, mas também ajuda a superar os desafios e dilemas que surgem da integração dessas duas perspectivas aparentemente divergentes.

Outra maneira de integrar a ciência e a espiritualidade é através da aplicação de valores espirituais e éticos no contexto científico. Isso envolve usar princípios espirituais, como compaixão, empatia e cuidado pelo próximo, como orientações para a pesquisa científica e o uso responsável da tecnologia. A integração de valores espirituais pode enriquecer a prática científica e ajudar a direcionar os avanços tecnológicos de maneira ética.

A integração de ciência e espiritualidade também requer uma disposição para abraçar a complexidade. Nem todas as questões têm respostas simples, e muitos aspectos do divino podem permanecer misteriosos. A busca pelo conhecimento divino é uma jornada contínua, e a disposição de explorar as interseções entre ciência e espiritualidade pode levar a uma compreensão mais rica e enriquecedora do universo e de Deus.

Capítulo 14
A Visão Deísta de Deus

Em minha busca pelo entendimento divino, a concepção de Deus assume um papel central e transcendental. Para compreender o deísmo, é vital apreender a visão singular que tenho de Deus.

Deus, sob a minha ótica, manifesta-se como uma entidade imaterial, destituída de forma física. Esta concepção contrasta com muitas religiões, que personificam divindades como seres antropomórficos. Para mim, Deus representa uma presença espiritual que permeia o universo, simultaneamente a fonte primordial de todas as coisas e a essência que transcende todas as formas. Essa visão imaterial de Deus me convida a estabelecer um vínculo único com a divindade, desprovido de rituais e dogmas, enquanto busco uma compreensão mais pessoal.

Além da sua natureza imaterial, concebo Deus como uma entidade transcendental. Isso implica que Deus está além do alcance da compreensão, inalcançável pelos conceitos humanos. A transcendência de Deus é o que possibilita a existência do universo e a ordem natural que o regula. Deus, o supremo arquiteto, estabeleceu as leis do universo e permitiu que a vida florescesse de acordo com essas leis, sem interferir diretamente em assuntos humanos.

Deus me convida a contemplar o mistério da existência e a buscar o entendimento divino por meio da razão e da observação do mundo que me rodeia. A busca pelo conhecimento de Deus, para mim, representa uma jornada pessoal e contínua, uma exploração intelectual e espiritual que desafia a mente e nutre a alma. Nesse processo, empenho-me em compreender o propósito da vida e a conexão entre a existência humana e o plano divino.

Para entender a perspectiva deísta sobre Deus, é fundamental desvendar as representações antropomórficas que frequentemente dominam as concepções religiosas tradicionais. Ao rejeitar a noção de um Deus com forma humana, ou de qualquer outra forma que as religiões O retratam, questiono as limitações da mente humana e encorajo todos a transcender as imagens comuns associadas à divindade.

Muitas religiões frequentemente retratam Deus com características humanas, como um rosto, braços, pernas e atributos emocionais. Essa antropomorfização de Deus torna-O mais acessível às pessoas, permitindo-lhes relacionar-se com uma figura divina que parece compreensível e próxima. No entanto, defendo que essa abordagem restringe a natureza divina e aprisiona Deus em uma caixa limitada.

Neste contexto, é crucial esclarecer que qualquer tentativa humana de representar a imagem de Deus de maneira plástica é inadequada até mesmo para as mentes mais modestas. A forma humana é uma adaptação biológica que se mostrou necessária para a sobrevivência da espécie, que ao longo do tempo foi refinada para se adequar às necessidades. É ininteligível que a mente humana, que é racional, conceba que um ser que não tenha passado por essas adaptações biológicas possua forma semelhante.

Minha visão de Deus é a de uma entidade tão vasta e complexa que a mente humana não pode abarcar completamente. Ao rejeitar as representações antropomórficas, convido todos a olharem além das imagens convencionais de Deus e a explorarem a verdadeira natureza da divindade. Enfatizo que a compreensão de Deus deve ser baseada na razão, na observação da ordem natural e na busca contínua pelo conhecimento. Essa busca pela verdadeira natureza de Deus representa uma jornada intelectual e espiritual que desafia a mente e expande os horizontes da compreensão humana.

Hoje, percebo o universo como uma manifestação da vontade divina de um Deus imaterial e transcendental. Em vez de Deus ser uma figura ativa que intervém constantemente na criação, Ele é o criador que estabeleceu as leis naturais que governam o cosmos. Ao adotar essa perspectiva, experimentei um alívio profundo, pois me libertei da imagem de um Deus punitivo e insensível que favorece apenas alguns.

Minha visão da natureza imaterial e transcendental de Deus realça a simplicidade e universalidade da divindade. Em vez de abraçar complexas mitologias ou dogmas religiosos, encontro beleza na simplicidade da minha visão de Deus como a causa primordial de tudo o que existe. Isso me inspira a apreciar a criação em sua forma mais pura, reconhecendo a presença de Deus na harmonia do mundo natural.

Minha compreensão da natureza imaterial e transcendental de Deus também serve como um apelo à responsabilidade humana na preservação e cuidado da criação. Acredito que, como seres racionais, temos o dever ético e moral de proteger o ambiente e promover a harmonia no mundo. A compreensão da divindade como transcendental lembra-me que somos parte de uma ordem maior e que nossa conexão com Deus se reflete em nossas ações.

É fundamental compreender como essa concepção da natureza imaterial e transcendental de Deus se relaciona com a vida humana e a jornada espiritual. Acredito que essa visão singular da divindade tem implicações profundas para a compreensão da alma, da existência humana e do caminho em busca do conhecimento divino.

Em minha visão, a alma humana é uma centelha divina, uma parte da essência transcendental de Deus. Essa visão, enraizada na natureza imaterial de Deus, realça a ideia de que cada indivíduo carrega consigo uma conexão intrínseca com o divino. A alma é percebida como imortal, não sujeita à morte física, e sua jornada está intrinsecamente ligada à busca pelo entendimento de Deus e à evolução espiritual.

Minha crença na busca pelo conhecimento divino é uma jornada pessoal e intelectual que envolve a exploração de minha própria alma. Acredito que, ao cultivar a razão, a ética e a contemplação, posso me aproximar de Deus. A natureza transcendental de Deus serve como inspiração para essa busca contínua, incentivando-me a aprofundar meu entendimento da divindade e do universo.

Enfatizo a importância da ética como parte integrante da jornada espiritual. Acredito que a compreensão da moralidade está intrinsecamente ligada à compreensão da vontade divina e ao reconhecimento da responsabilidade humana na preservação do equilíbrio e da harmonia no mundo. Essa conexão entre ética e espiritualidade é parte essencial da minha visão da natureza transcendental de Deus.

Minha compreensão de Deus como uma entidade imaterial e transcendental convida à contemplação. Essa contemplação não se restringe a rituais religiosos específicos, mas envolve uma busca intelectual e espiritual que convida a meditar sobre a natureza do universo e sua relação com Deus. É um chamado para aprofundar a conexão espiritual por meio da reflexão e da busca contínua pelo conhecimento divino.

Vejo a busca pela unidade com Deus como o objetivo supremo da jornada espiritual. Acredito que, ao longo dessa jornada, a alma se aproxima progressivamente da divindade, transcendendo as limitações da existência humana e retornando à unidade com o transcendental. Essa busca pela unidade com Deus representa a consumação da jornada espiritual.

No entanto, reconheço que a busca pelo conhecimento divino e pela unidade com Deus é uma jornada contínua. Não se trata de um destino, mas de um processo incessante de aprimoramento espiritual e reflexão.

Capítulo 15
A Evolução das Representações de Deus

Desde os primórdios da civilização, a humanidade tem buscado compreender o divino. Em diferentes culturas e épocas, vemos o surgimento de deuses e deusas, cada um refletindo as preocupações, os medos e as aspirações das sociedades que os cultuavam. Essas representações divinas eram moldadas segundo as necessidades culturais, sociais e psicológicas do momento.

Os deístas, como eu, acreditam que Deus é uma entidade transcendental, uma força que está além da capacidade de compreensão plena da mente humana. No entanto, ao longo da história, testemunhamos uma tendência notável: a criação de representações antropomórficas de Deus. Isso levanta uma questão intrigante: como pode um ser divino e eterno ser descrito de maneira tão variável e, por vezes, contraditória?

Nesse contexto, testemunhamos a criação de deuses e deusas que refletiam não apenas os anseios das civilizações antigas, mas também os elementos naturais e as forças cósmicas que moldavam suas vidas, além de, em grande parte, atender às necessidades de controle de massa por meio da fé.

Nas margens do Nilo, os egípcios adoravam uma panóplia de divindades, cada uma representando aspectos específicos da vida, da morte e do além. Os deuses egípcios, como Ísis, Osíris e Rá, personificavam elementos da natureza e fenômenos cósmicos. Eles forneciam um senso de ordem e significado a um mundo muitas vezes misterioso e implacável.

Já na Grécia Antiga, as divindades governavam o monte Olimpo, cada uma trazendo uma dimensão única para a experiência humana. Zeus, o todo-poderoso, simbolizava a autoridade e o raio; Afrodite personificava o amor e a beleza; Atena representava a sabedoria e a estratégia. Esses deuses e deusas eram entidades antropomórficas, frequentemente influenciadas pelas paixões e fraquezas humanas.

Na Índia Antiga, deidades como Brahma, Vishnu e Shiva personificavam os aspectos do ciclo de vida, morte e renascimento. Esses deuses eram adorados em diferentes formas e manifestações, refletindo a complexidade espiritual da cultura indiana.

Na China, o taoismo e o Confucionismo moldaram a compreensão espiritual. O Tao, uma força cósmica imutável, era central no taoismo, enquanto Confúcio enfatizava a moralidade e a ética como princípios-chave para uma sociedade harmoniosa.

Em Roma, os deuses foram adaptados da mitologia grega, mas com nomes diferentes. Júpiter, correspondente a Zeus, era o senhor dos deuses, enquanto Marte personificava a guerra e Vênus, o amor e a fertilidade. Essas representações divinas desempenharam um papel fundamental na cultura romana e se refletiram na religião, política e vida cotidiana.

O que torna a história de Roma ainda mais fascinante é a transição religiosa que ocorreu a partir do ano 312 dC. Nesse ano, o Império Romano enfrentava divisões religiosas e políticas. Segundo relatos históricos, o imperador Constantino teve uma visão marcante. Ele relatou ter visto uma cruz no céu com a inscrição "In hoc signo vinces" (Neste sinal, vencerás). Constantino interpretou isso como um sinal divino e decidiu adotar o símbolo cristão, conhecido como Chi-Rho, nas insígnias de seu exército antes da batalha. Surpreendentemente, Constantino venceu essa batalha decisiva e atribuiu sua vitória ao Deus cristão.

No ano seguinte, em 313 dC, Constantino emitiu o Édito de Milão, juntamente com o coimperador Licínio. Esse é um marco importante na história, pois concedeu tolerância religiosa a todas as religiões dentro do Império Romano, incluindo o cristianismo. Essa ação encorajou a liberdade religiosa e permitiu que o cristianismo se desenvolvesse sem perseguição.

A cristianização do Império Romano representou uma transformação religiosa significativa, mas também levantou preocupações sobre a fusão da igreja com o poder político. À medida que a fé cristã crescia, a instituição eclesiástica começou a adquirir influência política e autoridade, o que poderia ser considerado uma distorção dos princípios originais do cristianismo, que enfatizavam a simplicidade e a moralidade. Isso também resultou em períodos de intolerância religiosa, como a Inquisição, que reprimiu qualquer forma de dissidência religiosa, marcando um período desafiador na história do cristianismo.

A Idade Média foi um período marcado por mudanças significativas nas visões religiosas e na compreensão de Deus. Durante a Idade Média, a influência do Cristianismo se espalhou por toda a Europa e além, moldando profundamente a concepção de Deus para muitos. Neste contexto, a visão de Deus tornou-se cada vez mais influenciada pelas escrituras e ensinamentos da Bíblia.

O Deus Abraâmico, adorado pelo Judaísmo, Cristianismo e Islamismo, emergiu como figura central. Este Deus era frequentemente representado como o criador do universo, o juiz supremo e o governante de toda a criação. Ele era percebido como um ser que intervém ativamente na vida humana, guiando destinos, distribuindo recompensas e castigos e elegendo para si alguns escolhidos.

As igrejas cristãs da Idade Média enfatizavam a autoridade do clero e a necessidade de mediação religiosa para alcançar a salvação. A Igreja Católica desempenhou papel dominante na vida das pessoas, controlando não apenas aspectos espirituais, mas também políticos e sociais. Deus estava frequentemente representado como uma figura distante, cujo acesso era mediado pela hierarquia religiosa.

No entanto, também foi um período de intensa devoção e busca espiritual. As catedrais góticas, como a Catedral de Notre-Dame, são testemunhas impressionantes dessa devoção, com suas arquiteturas majestosas e vitrais que contam histórias bíblicas. Durante esse período, as pessoas procuravam Deus por meio de rituais, orações e peregrinações, buscando uma conexão direta com o divino. No entanto, em minha opinião, essa abordagem pode ser vista como contraditória em relação à visão de Deus como uma entidade onipresente, uma vez que Ele está em toda parte.

A influência do filósofo cristão Tomás de Aquino trouxe uma nova dimensão à compreensão de Deus. Ele argumentava que a razão humana poderia ser usada para compreender melhor Deus e sua relação com o mundo. Essa síntese entre fé e razão teve impacto duradouro na teologia cristã.

No entanto, o Deus da Idade Média frequentemente se tornou um ser temível, associado a julgamentos rigorosos e punições divinas. A visão de um Deus vingativo e implacável levou a um temor generalizado e a uma busca desesperada por redenção.

O deísmo surge como uma resposta a essa visão de Deus. Afirmamos que Deus é uma entidade transcendental e benevolente, não limitada por representações humanas ou pelo temor humano. Para os deístas, Deus é o criador do universo, mas também o observador imparcial que permite que o mundo siga seu curso natural, sem intervenções arbitrárias.

O Deísmo nos desafia a buscar uma compreensão mais profunda de Deus, uma que vá além das representações culturais e das imagens de um Deus antropomórfico. Nossa visão de Deus como uma entidade que transcende todas as representações humanas nos convida a explorar a natureza divina de maneira mais aberta e ampla.

Enquanto exploramos a evolução das representações de Deus, lembremos que essas visões são moldadas por necessidades culturais, psicológicas e políticas de suas épocas. Cada era traz consigo sua compreensão única de Deus, e o Deísmo nos convida a refletir criticamente sobre essas representações em busca de uma compreensão mais profunda e universal da natureza divina questionando e desafiando os conceitos preconcebidos, buscando a compreensão mais completa da divindade.

O Renascimento foi marcado por uma explosão de criatividade, pensamento crítico e uma redescoberta da importância da individualidade.

No Renascimento, o foco na compreensão de Deus tomou uma nova direção. A ênfase estava na capacidade humana de razão, exploração e expressão criativa. Artistas como Leonardo da Vinci e Michelangelo criaram obras-primas que capturaram a imaginação e celebraram a beleza da existência humana.

A visão de Deus começou a se afastar das representações autoritárias e distantes da Idade Média. Os filósofos renascentistas exploraram ideias sobre a natureza de Deus que enfatizavam a conexão entre o divino e o humano. Eles argumentavam que a busca pelo conhecimento e a expressão artística eram maneiras de se aproximar de Deus.

A noção de que a busca pelo conhecimento era uma jornada espiritual ganhou destaque. O estudo das ciências naturais, como a astronomia e a anatomia, foi visto como uma maneira de entender melhor a criação. Isso desafiou as visões tradicionais de Deus como uma entidade sobrenatural que interferia diretamente no mundo.

À medida que a individualidade e a expressão pessoal floresciam, também surgiam novas interpretações de Deus. Filósofos como Giordano Bruno propunham ideias que questionavam a visão convencional de Deus. Ele argumentava que Deus era uma força imanente no universo, presente em todas as coisas.

O Renascimento foi um período de exploração intelectual e expansão das fronteiras do pensamento humano. Foi uma era que encorajou a busca por uma compreensão mais pessoal e direta de Deus, em contraste com a visão impessoal e autoritária que prevaleceu na Idade Média.

No entanto, à medida que avançamos em nossa jornada de exploração, lembramos que as representações de Deus continuam a evoluir. Cada era traz suas próprias perspectivas e desafios, e nossa compreensão da divindade continua a se expandir, muito embora o Deus em quem acreditamos continue o mesmo.

Capítulo 16
A Evolução das Representações de Deus

A Revolução Científica, que atingiu seu apogeu nos séculos XVI e XVII, lançou uma nova luz sobre a natureza do universo e, consequentemente, sobre nossa compreensão de Deus.

No período que se seguiu à Ilustração, cientistas renomados, como Galileu Galilei, Johannes Kepler e Isaac Newton, protagonizaram uma verdadeira revolução na compreensão das leis naturais que regem o universo. Suas descobertas, como as leis do movimento e a lei da gravidade, proporcionaram uma visão mais coerente e abrangente do funcionamento do universo.

Essa nova compreensão suscitou questões significativas sobre a relação entre Deus e a criação. O mecanicismo, uma perspectiva filosófica que concebia o universo como uma máquina perfeitamente ordenada, levou alguns a conceber Deus como um grande relojoeiro divino. Nessa perspectiva, Deus planejou o universo e o colocou em movimento, sem interferir diretamente em seu funcionamento.

Essa representação de Deus como o "Relojoeiro Divino" enfatizava a ordem e a regularidade do universo, refletindo as leis naturais descobertas pela ciência. No entanto, também distanciou Deus da esfera da intervenção direta na vida humana, à medida que a busca por explicações racionais e naturais para fenômenos antes considerados milagrosos tornou-se mais comum.

Para os deístas, essa visão era compatível com sua crença em um Deus que criou o universo, mas que não interfere constantemente na vida humana. A ciência, nesse sentido, era considerada uma ferramenta para desvendar as maravilhas da criação divina.

Conforme a ciência avançava, novas descobertas continuavam a desafiar as concepções tradicionais de Deus. Teorias como a evolução de Charles Darwin e a teoria do Big Bang transformaram nossa compreensão da origem da vida e do universo. Essas teorias ofereceram explicações naturais para fenômenos que antes eram atribuídos à ação direta de Deus.

Os deístas enfrentaram o desafio de conciliar essas novas descobertas com sua crença em um Deus criador. Muitos argumentaram que a ciência e a religião não eram mutuamente exclusivas, mas abordagens complementares para compreender o universo. Para eles, a ciência revelava como as leis naturais de Deus operavam no mundo, enquanto a religião continuava a explorar questões de significado e propósito.

À medida que o conhecimento se expandia, chegamos a um ponto em que a concepção de Deus como uma expressão do mistério universal desempenha um papel central na espiritualidade deísta. Essa visão transcende as representações antropomórficas e nos convida a contemplar a divindade de maneira mais abstrata e universal.

No cerne dessa representação está a ideia de que Deus é a manifestação do mistério cósmico que permeia o universo. Não se trata de um Deus distante e pessoal, mas de uma presença imanente que se revela em cada aspecto da criação. Para os deístas, Deus é encontrado na ordem e harmonia do cosmos, na beleza da natureza e na complexidade do mundo natural.

Essa visão de Deus como uma expressão do mistério universal convida-nos a transcender conceitos limitados e a nos conectar com algo que está além da compreensão. É uma chamada à humildade, à admiração e à reverência diante da vastidão do universo e da natureza divina.

Para os deístas, essa perspectiva espiritual é profundamente inspiradora. Ela nos lembra que somos parte de algo maior e que nossa jornada espiritual envolve a exploração desse mistério universal. Cada descoberta científica, cada momento de admiração pela natureza e cada reflexão profunda sobre o cosmos nos aproxima dessa compreensão.

A expressão do mistério universal também nos desafia a abraçar a diversidade de crenças e religiões no mundo. Reconhecemos que diferentes tradições espirituais oferecem visões variadas de Deus, cada uma capturando um aspecto do infinito. Em vez de dividir, essa visão nos une em nossa busca pelo conhecimento divino.

Em última análise, a compreensão de Deus como uma expressão do mistério universal convida-nos a abraçar a beleza da incerteza e a riqueza da exploração espiritual contínua. É uma jornada em que não procuramos respostas definitivas, mas uma conexão mais profunda com o divino através da contemplação do mistério que permeia a criação.

A evolução das representações de Deus nos leva a uma intersecção intrigante: como o conceito de Deus no Deísmo se relaciona com as instituições religiosas tradicionais e, ao mesmo tempo, com a espiritualidade individual. Este é um ponto de partida fundamental para compreender a perspectiva deísta sobre o papel das religiões e a busca espiritual pessoal.

No Deísmo, muitas vezes encontramos uma tensão saudável entre a compreensão do divino como o mistério universal e a dinâmica das religiões organizadas. Os deístas valorizam a diversidade de tradições religiosas no mundo, reconhecendo que cada uma oferece uma lente única para contemplar a espiritualidade.

Por um lado, as instituições religiosas tradicionais têm desempenhado um papel significativo na história humana, fornecendo estruturas para a adoração, ética e comunidade. No entanto, os deístas optam por um caminho espiritual mais pessoal, preferindo uma relação direta com o divino, livre das estruturas dogmáticas e das práticas ritualísticas. Neste sentido, muitas pessoas adotam práticas deístas mesmo sem perceber, visto que é comum, na sociedade moderna, a postura de não mais frequentar a igreja, já que o conceito de um Deus onipresente permite o contato com Ele em qualquer lugar. A resposta mais comum entre pessoas que adotam esta prática é: "Não preciso ir à igreja para conversar com Deus".

Para os deístas, a busca pessoal por Deus é um ato profundamente significativo. A espiritualidade individual permite uma exploração mais livre e aberta do divino, sem as restrições das doutrinas religiosas específicas. É uma jornada que incentiva a autodescoberta, a contemplação e a busca pelo conhecimento divino em termos pessoais.

Essa relação direta com o divino também se manifesta na maneira como os deístas interpretam textos religiosos. Em vez de aderir rigidamente a escrituras sagradas, os deístas tendem a usá-las como fontes de inspiração e reflexão. Buscamos significado pessoal nas palavras, explorando como essas escrituras se relacionam com a compreensão de Deus.

O Deísmo abraça a espiritualidade como uma jornada contínua, incentivando as pessoas a buscar constantemente uma compreensão mais profunda de Deus e do universo. Não há um dogma rígido que defina a fé deísta; em vez disso, a fé é moldada pela busca pessoal e pela contemplação do mistério universal.

Essa abordagem espiritual é um reflexo do espírito inquisitivo dos deístas, que valorizam a razão, a ciência e a busca da verdade. Acreditamos que a busca por Deus não deve ser limitada por fronteiras religiosas.

No coração do Deísmo está a crença de que Deus é uma fonte perene de inspiração e orientação. Ao explorarmos como as representações de Deus evoluíram ao longo da história humana, é fundamental compreender como os deístas veem o divino como uma força que influencia suas vidas de maneira prática e significativa.

Os deístas encontram inspiração na contemplação da grandiosidade e complexidade do universo. Ao olharem para o cosmos, eles veem a mão de Deus na ordem e na beleza do mundo natural. Essa visão inspiradora do divino nos incentiva a buscar uma compreensão mais profunda da natureza e dos mistérios do universo.

A orientação divina também desempenha um papel crucial na espiritualidade deísta. Acreditamos que

Deus não apenas criou o universo, mas também estabeleceu leis e princípios que governam o funcionamento do mundo. Vemos essas leis como um guia para viver uma vida ética e moral.

A busca pela orientação divina envolve a reflexão sobre essas leis naturais e a aplicação delas na vida. Os deístas acreditam que ao viverem em harmonia com as leis divinas, podem alcançar um estado de equilíbrio e paz interior. Isso os leva a tomar decisões éticas e a agir de maneira compassiva em relação aos outros.

Deus é visto como uma presença constante e benéfica, oferecendo orientação sutil através da observação e contemplação do mundo. A natureza, para os deístas, é um livro aberto que revela os princípios divinos, e eles a estudam com reverência.

A visão deísta de Deus como fonte de inspiração e orientação prática transcende as fronteiras da religião organizada. Ela convida cada indivíduo a encontrar significado e propósito em sua própria jornada espiritual. Os deístas valorizam a liberdade de buscar Deus de maneira pessoal, enquanto também se esforçam para viver segundo os princípios éticos e morais que consideram fundamentais.

É importante enfatizar que o Deísmo é uma jornada contínua. A busca pelo conhecimento divino no Deísmo nunca está completa, pois está intrinsecamente ligada à busca pelo entendimento da complexidade do universo e da natureza humana.

No Deísmo, valorizamos a reflexão, o questionamento e a busca constante pela verdade. Acreditamos que a compreensão de Deus e do divino é uma jornada que dura toda a vida e vai além dela. É uma jornada que nos leva a explorar não apenas o cosmos e a existência humana, mas também a nossa própria natureza e propósito.

O Deísmo não busca respostas simplistas ou dogmas inflexíveis. Em vez disso, encoraja o pensamento crítico e a exploração intelectual. A evolução das representações de Deus é uma manifestação dessa busca contínua por compreensão. À medida que a humanidade evolui, nossa visão do divino também evolui, refletindo nosso progresso intelectual e espiritual.

Esta filosofia nos desafia a permanecer abertos às novas descobertas e a reconhecer que nossas representações de Deus são apenas tentativas humanas de capturar o inefável. Não podemos pretender compreender plenamente o mistério divino, mas podemos nos esforçar para nos aproximar dele por meio da contemplação, da reflexão e da busca constante pelo conhecimento.

Convido-vos a manter a mente aberta para os mistérios que o Deísmo tem a oferecer. No Deísmo, encontramos um caminho que nos permite explorar nossa espiritualidade de maneira pessoal, enquanto também abraçamos os princípios éticos e morais que consideramos fundamentais.

Capítulo 17
A Universalidade da Busca por Deus

A busca universal por Deus é uma jornada que transcende culturas e épocas. Desde os primórdios da humanidade, as pessoas têm olhado para o céu estrelado, para os fenômenos naturais e para o seu próprio interior em busca de respostas sobre a existência e o divino. Essa busca não conhece fronteiras geográficas, barreiras linguísticas ou limites temporais.

Os deístas têm uma compreensão profunda dessa busca inata por Deus, pois ela está no cerne de nossa fé. A visão deísta de Deus como o Criador do universo e das leis naturais ressoa com a observação da ordem e da beleza que permeiam o cosmos. A universalidade dessa busca é um testemunho da conexão intrínseca entre a humanidade e o divino.

Ao longo da história, diferentes culturas desenvolveram suas próprias representações e conceitos de Deus, moldados por seus contextos culturais, experiências e compreensões únicas. No entanto, independentemente das representações específicas, a busca pela verdade divina permanece como um fio condutor que une todas as civilizações.

Os deístas reconhecem a diversidade de crenças e práticas religiosas ao redor do mundo e respeitam a riqueza desse panorama espiritual. Vemos essa diversidade como uma expressão da busca humana por uma compreensão mais profunda da divindade. Afinal, a busca por Deus não é apenas uma jornada intelectual, mas também uma jornada do coração e da alma.

À medida que exploramos a universalidade da busca por Deus, convido-vos a refletir sobre a beleza dessa diversidade e a compreender que, apesar das diferenças externas, todos compartilhamos o desejo intrínseco de nos conectar com algo maior do que nós mesmos. É nessa busca que encontramos nossa humanidade compartilhada e a centelha divina que habita em cada um de nós.

A busca universal por Deus se entrelaça profundamente com o tecido da religião e espiritualidade humanas. A história da humanidade está repleta de tradições religiosas que oferecem interpretações diversas e ricas sobre a divindade. Os deístas reconhecem e respeitam essa diversidade religiosa como parte da busca humana por Deus.

Em contraste com muitas tradições religiosas, o Deísmo se destaca por sua abordagem particular. Vemos Deus como o Criador, mas não como um ser que interfere diretamente na vida humana. Essa visão pode ser vista como uma tentativa de compreender Deus de forma mais racional, afastada das representações antropomórficas que frequentemente são encontradas em religiões tradicionais.

A relação entre o conceito de Deus no Deísmo e as instituições religiosas tradicionais, pode ser complexa. Enquanto algumas pessoas encontram conforto e orientação nessas instituições, outras buscam uma espiritualidade mais pessoal e individual. Os deístas valorizam a liberdade de escolha espiritual, acreditando que a conexão com Deus pode ser encontrada tanto dentro quanto fora das estruturas religiosas convencionais.

A espiritualidade individual desempenha papel fundamental na jornada de muitos deístas. Vemos Deus como fonte de inspiração e orientação em nossas vidas cotidianas, mesmo que não sigamos rituais religiosos específicos. A divindade é uma presença constante em nossas reflexões e na maneira como buscamos viver vidas significativas e éticas.

A universalidade da busca por Deus se reflete na diversidade de religiões e sistemas de crenças que a humanidade abraça. No Deísmo, encontramos nossa própria interpretação desse mistério divino, uma interpretação que enfatiza a racionalidade e a autonomia humana. Independentemente de nossa abordagem espiritual, a busca por Deus continua a ser uma constante em nossas vidas, uma busca que nos conecta com algo transcendental e eterno.

Em nossa jornada deísta, percebemos que Deus é muito mais do que uma abstração intelectual. Ele é uma fonte de inspiração profunda e orientação. Enxergamos Deus como o princípio supremo da existência.

A visão deísta de Deus como fonte de inspiração nos convida a contemplar o divino em todos os aspectos. Cada pôr do sol, cada ato de bondade, e cada momento de admiração pela beleza do mundo natural são reflexos de Deus em nosso cotidiano. Essa percepção nos inspira a viver com gratidão e apreciação, valorizando cada experiência como uma dádiva divina.

Além da inspiração, Deus também é uma bússola moral. Acreditamos que a compreensão da divindade nos orienta na busca pela verdade, pela justiça e pela compaixão. Ao internalizar o princípio deísta, somos incentivados a tomar decisões éticas, a respeitar a dignidade de todos os seres humanos e a buscar o bem comum.

A visão de Deus como uma presença orientadora também nos ajuda a enfrentar desafios pessoais. Nas horas de dificuldade, encontramos força na crença de que Deus está conosco, oferecendo apoio. Essa fé nos capacita a superar obstáculos, a crescer como indivíduos e a lidar com as adversidades da vida com coragem e determinação.

Deus é inspiração constante e nossa bússola moral. Ele nos lembra da beleza do mundo e nos orienta na busca da verdade e da compaixão. A visão deísta de Deus como fonte de inspiração e orientação não apenas enriquece nossas vidas, mas também nos motiva a buscar a sabedoria divina em todos os aspectos da existência.

A filosofia deísta não é apenas uma teoria abstrata, mas uma filosofia que pode ser vivida e praticada no dia a dia. Ela nos convida a aplicar os princípios e crenças deístas em todas as áreas da vida, transformando nossas ações e perspectivas.

Um dos princípios fundamentais do Deísmo, como insistentemente enfatizado, é o cultivo da razão e do pensamento crítico. Acreditamos que a razão é uma dádiva divina que nos capacita a compreender o mundo e a buscar o conhecimento divino. Na prática, isso significa que buscamos constantemente expandir nosso entendimento, questionando dogmas e preconceitos, e adotando uma abordagem racional para a resolução de problemas.

A ética também desempenha papel central na filosofia deísta. Acreditamos que a moralidade não depende necessariamente de crenças religiosas específicas, mas é um princípio universal que transcende estas fronteiras. Na prática, isso significa que nos esforçamos para viver vidas éticas, baseadas em princípios como compaixão, justiça e respeito pelos outros.

Por exemplo, considere duas pessoas: uma que opta por não cometer furto com base no receio das consequências legais ou divinas, e outra que faz essa escolha guiada por seu código ético e moral, que simplesmente não permite o ato de furto. Assim é a espiritualidade deísta; não é impulsionada por um sistema de recompensas e punições. Buscamos Deus porque desejamos encontrá-Lo, não porque ansiamos por um lugar no paraíso.

Esta espiritualidade se manifesta na busca constante pelo conhecimento divino. Procuramos entender mais sobre a natureza de Deus, do universo e de nossa própria existência. Na prática, isso nos leva a explorar áreas como a filosofia, a ciência, a arte e a espiritualidade, buscando conexões profundas entre esses campos de estudo.

Outro aspecto prático do Deísmo é o respeito pela liberdade individual de crença e pensamento. Acreditamos que cada pessoa tem o direito de seguir sua própria jornada espiritual e buscar a verdade de acordo com sua consciência. Isso se traduz em uma abordagem inclusiva e tolerante em relação às crenças dos outros.

A filosofia deísta, na prática, envolve a integração dos princípios deístas na vida diária. Buscamos a razão, a ética, a espiritualidade e a liberdade de pensamento como maneiras de nos aproximarmos de Deus. O Deísmo não é apenas uma filosofia, mas um guia prático para uma vida de reflexão, compaixão e busca constante pelo conhecimento divino.

Ao explorarmos a filosofia deísta, chegamos a uma visão singular de Deus como uma expressão do mistério universal. Para nós, Deus não é uma entidade distante ou inatingível, mas uma manifestação desse mistério que permeia todo o cosmos.

Essa perspectiva nos convida a contemplar a vastidão e a complexidade do universo como uma expressão direta de Deus. Cada estrela no céu, cada árvore na floresta e cada ser humano na Terra são parte desse intricado quebra-cabeça divino. Deus não está separado da criação; Ele é intrínseco a ela.

Na prática, essa visão nos incentiva a desenvolver uma profunda reverência pela natureza e por todas as formas de vida. Vemos o universo como um templo sagrado, e cada experiência como uma oportunidade de nos conectar ao divino. Através da contemplação da beleza da natureza e da maravilha do cosmos, encontramos inspiração espiritual.

Essa compreensão de Deus como expressão do mistério universal também nos leva a uma busca constante por respostas para as grandes questões da existência. Questionamos, exploramos e refletimos sobre os mistérios da vida e da morte, do significado e do propósito. Cada busca por conhecimento é uma busca por uma compreensão mais profunda de Deus.

A espiritualidade deísta se enriquece ao reconhecermos que o mistério universal é insondável, e que nossa busca por Deus é uma jornada interminável. Essa busca não é movida apenas pelo desejo de conhecer a divindade, mas também pelo desejo de nos conhecermos mais profundamente. À medida que exploramos os mistérios do universo, também exploramos os mistérios de nossa própria existência.

Deus como expressão do mistério universal nos lembra que a vida é uma jornada espiritual, repleta de descobertas e reflexões. Cada momento, cada desafio e cada alegria são oportunidades de nos aproximarmos de Deus e de nos conectarmos com o mistério que permeia tudo o que existe. Esta é a essência da espiritualidade deísta na prática.

Capítulo 18
A Compreensão de Deus na Era Moderna

Ao abordarmos a visão deísta de Deus na era moderna, permita-me conduzi-lo a uma análise profunda de como nossa compreensão divina se alinha com a compreensão contemporânea do universo e da existência humana.

Hoje, a ciência e a filosofia avançaram consideravelmente. As complexidades do universo foram reveladas através da astronomia e da física quântica; as origens da vida têm sido desvendadas pela biologia; e as nuances da mente humana foram decifradas pela psicologia. Esses triunfos científicos e filosóficos não diminuem nossa visão deísta de Deus, mas a enriquecem.

Nós, deístas, concebemos Deus como o grande arquiteto do universo, o criador das leis naturais que regem todo o cosmos. À medida que desvendamos essas leis por meio da ciência, estamos, de fato, desvendando os planos divinos. Cada descoberta científica se apresenta como uma revelação do conhecimento de Deus, proporcionando-nos a oportunidade de admirar a complexidade e a ordem que permeiam o universo.

A compreensão deísta de Deus também se harmoniza com a compreensão moderna da existência humana. Aqui, reconhecemos a autonomia e a responsabilidade humanas na moldagem do nosso destino. Não somos meros espectadores da vida, mas coautores de nossa própria jornada. A liberdade de pensamento e a capacidade de tomar decisões éticas são dons divinos que nos capacitam a forjar nosso próprio caminho.

Neste cenário em constante evolução, a visão deísta nos convida a adotar uma abordagem racional e compassiva. Fomentamos o respeito pela diversidade de pensamento e crença, valorizamos a liberdade individual e buscamos conhecimento e verdade em um mundo inundado de informações.

A compreensão de Deus na era moderna nos ensina que a espiritualidade é uma jornada dinâmica, não estática. Continuamos a buscar uma compreensão mais profunda de Deus e do universo, mantendo nossas mentes abertas às descobertas futuras. Essa abertura nos ajuda a crescer tanto como indivíduos quanto como sociedade, em um diálogo constante entre fé e razão.

No Deísmo, a compreensão de Deus não é uma barreira ao progresso, mas uma fonte de inspiração para explorar os mistérios do universo. Vemos a ciência e a espiritualidade como complementares. Ambas têm o potencial de elevar-nos e guiar-nos na busca da verdade, seja essa verdade revelada pela observação do cosmos ou pela contemplação do divino.

Assim, na era moderna, nossa visão deísta de Deus permanece viva e relevante, à medida que buscamos unir as maravilhas da ciência e da espiritualidade em nossa jornada rumo ao conhecimento divino.

Nossa fé nos ensina que Deus transcende nossa compreensão. Sua grandiosidade e complexidade são verdadeiramente infinitas.

Esse mistério universal nos inspira a contemplar o cosmos e a existência com um senso de admiração e reverência. Cada aspecto do universo, desde a vastidão das galáxias até a complexidade das partículas subatômicas, é visto como parte do grande plano de Deus. Tudo está interligado em uma dança cósmica de energia e matéria, refletindo a sabedoria divina.

Em nossa busca por Deus, somos inspirados a explorar os segredos da natureza, a desvendar os enigmas do espaço e a investigar os mistérios da mente humana. Cada descoberta, cada revelação científica, nos aproxima do entendimento de que Deus está presente em todos os aspectos da vida.

Compreendemos que Deus não é apenas uma figura distante e abstrata, mas uma presença imanente em tudo o que é. Deus está nos ventos que sopram, nas árvores que crescem, nos rios que fluem e nas estrelas que brilham no céu noturno. Deus é o tecido que une toda a criação, o sopro que dá vida.

Essa visão nos leva a uma profunda conexão espiritual com o mundo natural, valorizando a natureza como a manifestação tangível de Deus. Nossa espiritualidade está enraizada na reverência pela criação e no desejo de cuidar e preservar o mundo que Deus nos concedeu.

À medida que contemplamos o mistério universal, nossa fé nos ensina que a busca por Deus é uma jornada infinita. Cada revelação, por mais profunda que seja, abre portas para novas questões e desafios. Somos humildes diante do mistério divino e reconhecemos que nossa compreensão nunca será completa.

No Deísmo, encontramos inspiração no mistério universal, na busca incansável pelo conhecimento e na reverência pela maravilha da existência. Nossa fé nos motiva a explorar os limites do conhecimento humano, enquanto reconhecemos que, no final, o maior mistério de todos é a natureza de Deus.

É fundamental considerar como a visão deísta de Deus se alinha com a compreensão moderna do universo e da existência humana, desde que o deísmo foi concebido.

Na era moderna, testemunhamos um incrível avanço na ciência e na filosofia. Descobertas extraordinárias no campo da astronomia, física, biologia e neurociência ampliaram nossa compreensão do universo e de nós mesmos. À primeira vista, pode parecer que essas descobertas desafiam a crença em um Deus criador. No entanto, os deístas veem harmonia entre a ciência e a espiritualidade.

A ciência moderna, com suas teorias complexas e avanços tecnológicos, nos permite explorar o cosmos em escalas que antes eram inimagináveis. Nossos telescópios mapeiam galáxias distantes, e os aceleradores de partículas revelam os segredos do universo subatômico. Essas descobertas não diminuem nossa fé, a enriquecem.

Para os deístas, o universo é o grande livro da criação de Deus, e a ciência é a ferramenta que nos permite lê-lo. Cada nova descoberta científica é vista como uma revelação do plano divino. Quanto mais compreendemos o funcionamento do universo, mais admiramos a grandiosidade da mente que o concebeu.

A visão deísta de Deus como o arquiteto do universo se alinha bem com a teoria do Big Bang, por exemplo. Vemos o momento da criação como o instante em que Deus estabeleceu as leis naturais que governam o cosmos, permitindo que o universo evoluísse e se expandisse ao longo do tempo. A teoria da evolução de Darwin também é vista como parte do plano divino, um processo pelo qual a vida se desenvolveu e se adaptou ao ambiente.

Além disso, a neurociência moderna nos ensina sobre a complexidade do cérebro humano, a sede da nossa consciência e pensamento. Os deístas veem a mente humana como uma manifestação da centelha divina que habita em cada um. A capacidade de questionar, refletir e buscar a verdade é vista como a dádiva de Deus, que nos permite buscar o conhecimento divino.

Na era moderna, nossa compreensão de Deus se expande à medida que integramos os avanços científicos à nossa espiritualidade. O mistério divino não diminui com o progresso da ciência, mas se torna mais profundo e complexo. Acreditamos que, à medida que exploramos o cosmos e a mente humana, nos aproximamos cada vez mais do entendimento de Deus como o grande arquiteto e criador de tudo o que existe.

No Deísmo, entendemos que Deus é intrinsecamente ligado ao mistério insondável que permeia o universo. O mistério universal é a essência de tudo o que existe, e Deus é a manifestação desse mistério em nossa compreensão humana. É como contemplar a vastidão do oceano e reconhecer uma única gota como parte integrante dele.

A visão deísta de Deus como uma expressão do mistério universal nos convida a abraçar a humildade diante da grandiosidade do cosmos. Reconhecemos que, apesar de todos os avanços científicos e filosóficos, há limites para nossa compreensão. Somos como crianças diante de um vasto horizonte de conhecimento, apenas começando a desvendar seus segredos.

Essa humildade diante do mistério universal nos inspira a buscar uma conexão mais profunda com Deus por meio da contemplação e da reflexão. Os deístas veem a meditação e a introspecção como ferramentas poderosas para se conectar com o divino. Ao silenciar a mente e abrir os corações podemos sentir a presença de Deus de maneira mais intensa.

A espiritualidade deísta é enriquecida pela compreensão de que, mesmo enquanto exploramos o mistério do cosmos e da mente humana, há aspectos do divino que permanecerão insondáveis. Isso nos lembra que a busca por Deus é uma jornada contínua, nunca totalmente concluída. Cada resposta revela novas perguntas, e cada descoberta nos leva a explorar mais a fundo.

A visão deísta de Deus como expressão do mistério universal também nos ensina a valorizar a beleza e a complexidade da criação. Cada aspecto da natureza, desde a majestade de uma montanha até a delicadeza de uma flor, é visto como uma manifestação do divino. Deus está presente em todas as coisas, e nossa tarefa é reconhecê-Lo na maravilha do mundo ao redor.

Assim, enquanto exploramos a concepção de Deus como expressão do mistério universal, somos convidados a abraçar a humildade, a contemplação e a valorização da criação. Vemos a espiritualidade como uma jornada que nos leva mais fundo no mistério, sempre buscando uma compreensão mais profunda do divino.

É fundamental enfatizar que a busca pelo conhecimento divino é uma jornada contínua, repleta de reflexões e descobertas. O Deísmo não é uma fé estática, mas uma filosofia que nos incentiva a explorar constantemente a relação entre a humanidade e Deus.

O deísmo é uma filosofia que celebra a liberdade de pensamento e a busca pela verdade. Não é uma fé que exige conformidade, dogmas rígidos ou crenças fixas. Em vez disso, é um chamado para explorar, questionar e refletir. É uma jornada que nos desafia a crescer espiritualmente e a nos tornarmos pessoas mais compassivas e conscientes.

Nossa jornada no Deísmo é como uma caminhada ao longo de uma estrada interminável. À medida que avançamos, encontramos paisagens diversas, desafios inesperados e surpresas gratificantes. Cada passo é uma oportunidade de aprendizado e crescimento.

Capítulo 19
A Humanidade e a Busca por Deus

À medida que contemplamos a natureza da busca por Deus e a jornada do Deísmo, é importante destacar a unidade subjacente de toda a humanidade nesse esforço. Independentemente de nossa origem, cultura ou crenças individuais, a busca pelo divino é uma constante que nos conecta como seres humanos.

Nossos ancestrais de diversas culturas e épocas buscaram entender o transcendental, expressando-o de maneiras variadas. As religiões e filosofias que surgiram ao longo da história foram tentativas de capturar e compreender a divindade, refletindo a busca inata de conexão com algo maior do que nós mesmos.

O Deísmo, com sua ênfase na razão, na liberdade de pensamento e na busca pela verdade, se encaixa harmoniosamente nessa tapeçaria universal. É uma manifestação da busca humana pela compreensão do divino, uma busca que transcende as fronteiras geográficas e temporais.

Nesse sentido, o Deísmo nos recorda que, embora possamos ter abordagens diferentes para a espiritualidade, todos compartilhamos a mesma aspiração por um entendimento mais profundo do cosmos e do papel da humanidade nele. Somos todos peregrinos na jornada do conhecimento.

À medida que encaramos nossas diferenças e abraçamos nossa unidade na busca por Deus, encontramos um terreno comum que nos une como seres humanos. Essa compreensão compartilhada nos convida a abraçar a diversidade de perspectivas e a celebrar a beleza da busca espiritual em todas as suas formas.

Portanto, o Deísmo nos lembra não apenas da importância da busca pessoal pela verdade, mas também da nossa conexão com toda a humanidade nessa busca eterna. Que possamos continuar nossa jornada espiritual com humildade, compaixão e um profundo respeito pelos outros, reconhecendo que todos nós compartilhamos o desejo de alcançar o divino.

Na relação entre o deísmo e a busca por Deus, é fundamental considerar a diversidade religiosa que permeia nossa sociedade. Vivemos em um mundo rico em tradições espirituais, cada uma com sua visão única de Deus. O Deísmo nos convida a abraçar essa diversidade e a buscar a reconciliação entre diferentes crenças religiosas.

O respeito pela pluralidade de crenças é essencial para promover a compreensão e a harmonia entre as pessoas. O Deísmo nos ensina que, embora possamos ter perspectivas distintas sobre Deus, todos compartilhamos o objetivo de compreender algo maior. Essa compreensão comum pode nos unir em um espírito de cooperação e respeito mútuo.

A reconciliação com a diversidade religiosa também implica reconhecer que nenhuma visão individual de Deus é absoluta. Cada tradição espiritual tem suas próprias verdades e insights valiosos, e podemos aprender muito ao explorar essas diferenças. Em vez de ver a diversidade como um obstáculo, o Deísmo nos encoraja a vê-la como uma oportunidade de enriquecimento espiritual.

Assim, podemos trabalhar juntos para construir um mundo onde a liberdade religiosa seja respeitada e onde as pessoas de todas as crenças possam coexistir pacificamente. À medida que avançamos na jornada da busca por Deus, devemos lembrar que, embora possamos trilhar caminhos diferentes, todos estamos unidos na busca pela verdade espiritual e pela conexão com o divino.

Ao explorar a relação entre o Deísmo e a busca por Deus, é crucial considerar o diálogo em curso entre a ciência e a espiritualidade. Nos tempos modernos, a ciência desempenhou um papel significativo na compreensão do universo e da existência humana. O Deísmo nos convida a abraçar esse diálogo e a explorar como a ciência e a espiritualidade podem coexistir harmoniosamente.

Para os deístas, a ciência e a espiritualidade não são mutuamente exclusivas; pelo contrário, são complementares. A ciência nos oferece uma janela para compreender as leis naturais que governam o cosmos, enquanto a espiritualidade nos convida a explorar questões mais profundas sobre o significado da existência e nossa conexão com Deus.

O método científico, com sua ênfase na observação, experimentação e análise lógica, nos proporciona uma base sólida para explorar o mundo material. Ao mesmo tempo, a espiritualidade nos convida a explorar o mundo interior da consciência, da moralidade e da transcendência.

A compreensão moderna do cosmos, com descobertas surpreendentes sobre a natureza do universo, não precisa ser vista como uma ameaça à fé deísta. Em vez disso, podemos enxergá-la como uma oportunidade de maravilhar-nos com a complexidade e a beleza da criação. A ciência nos ajuda a compreender como o universo opera, enquanto a espiritualidade nos ajuda a atribuir significado a essa operação.

Nossa busca por Deus não precisa ignorar os avanços científicos; ao contrário, é enriquecida por eles. A visão deísta de Deus como o arquiteto do universo se alinha com muitos princípios científicos que descrevem o cosmos como uma criação interconectada e regida por leis naturais.

Convidamos, assim, os cientistas a explorar as profundezas da espiritualidade e os buscadores espirituais a abraçar o conhecimento científico com curiosidade e admiração. O Deísmo nos recorda que a busca por Deus e a busca pelo entendimento do mundo natural podem coexistir, formando uma jornada enriquecedora que nos aproxima da compreensão mais profunda do universo e de nossa conexão com o divino.

Para os deístas, a crença em um Deus que não interfere diretamente nas questões humanas não diminui a importância da espiritualidade e da conexão com o divino em nossas vidas diárias.

Deus é frequentemente visto como uma fonte de inspiração para a busca da verdade, do conhecimento e do aprimoramento pessoal. A visão deísta de um Deus que estabeleceu leis naturais e permitiu que a humanidade as descobrisse por meio da razão nos incentiva a explorar o mundo com mente aberta e curiosa. Isso nos inspira a buscar respostas para os mistérios do cosmos e a compreender melhor o propósito da nossa existência.

A orientação divina também desempenha papel fundamental na vida de um deísta. Embora acreditemos que Deus não intervenha diretamente nas nossas vidas, a visão de um Deus que estabeleceu um ordenamento divino no universo nos encoraja a agir de maneira ética e moral. A busca pela orientação divina nos ajuda a tomar decisões ponderadas, a agir com compaixão e a viver de acordo com princípios elevados.

Além disso, Deus serve como fonte de conforto e esperança em momentos de desafio e adversidade. A espiritualidade deísta nos ensina a confiar na sabedoria divina e a encontrar significado mesmo nas situações mais difíceis. Deus é o farol que nos guia através das tempestades da vida, oferecendo consolo e força interior.

Em nossa jornada contínua em busca de Deus, entendemos que Sua inspiração e orientação são tesouros que enriquecem nossas vidas. Vemos a espiritualidade como um caminho que nos ajuda a crescer como pessoa e a contribuir para um mundo melhor. Quando somos inspirados por Deus e orientados por princípios elevados, estamos mais bem preparados para enfrentar os desafios da existência humana com dignidade e compaixão.

Como mestre deísta, é meu dever explicar como os princípios e crenças que discutimos anteriormente podem ser traduzidos em ações e atitudes que moldam nossas vidas.

A filosofia deísta na prática enfatiza a importância da busca constante pelo conhecimento divino e da aplicação desse conhecimento em nossa existência terrena. O Deísmo nos encoraja a cultivar uma mente aberta e inquisitiva, a questionar as crenças estabelecidas e a explorar os mistérios do universo.

Para um deísta, a prática do deísmo envolve a busca ativa da verdade, o entendimento da natureza divina e o aprimoramento da conexão com Deus. Isso pode ser alcançado por meio da reflexão, da meditação e da busca do conhecimento em diversas formas, como a ciência, a filosofia e a arte.

A ética e a moralidade desempenham papel central na filosofia deísta na prática. Acreditamos que agir de maneira ética e compassiva é uma expressão direta da nossa conexão com Deus. Portanto, esforçamo-nos para viver de acordo com princípios elevados, tratando os outros com respeito, compaixão e justiça.

A filosofia deísta também nos leva a reconhecer a importância da liberdade de pensamento e crença. Valorizamos a autonomia individual e respeitamos as diversas formas de espiritualidade e crença. Acreditamos que cada pessoa tem o direito de buscar sua própria compreensão de Deus e do universo, desde que isso seja feito com integridade e respeito pelos outros.

Na prática do Deísmo, procuramos viver uma vida equilibrada, onde a espiritualidade e a razão coexistem harmoniosamente. Valorizamos a vida terrena como uma oportunidade preciosa de crescimento espiritual e autoconhecimento. Vemos cada desafio como uma oportunidade de aprendizado e cada momento de alegria como uma dádiva divina.

    Portanto, a filosofia deísta na prática é um convite para viver uma vida plena, orientada pela busca da verdade, pela ética e pela conexão com o divino. É uma jornada de autodescoberta e crescimento espiritual que nos ajuda a dar significado à existência e a contribuir para um mundo mais compassivo e harmonioso.

Capítulo 20
Deus como Expressão do Mistério Universal

Até agora, busquei indicar a direção que nos leva a uma compreensão profunda de como o Deísmo se relaciona com a busca universal por Deus e como aplicamos essa filosofia em nossas vidas diárias. Agora, adentramos nas profundezas do mistério universal e exploramos como Deus é percebido como sua expressão máxima.

Para nós, deístas, Deus é visto como a manifestação suprema desse mistério que permeia todo o universo. Enxergamos o universo como uma maravilha insondável, repleto de ordem e beleza, que reflete a inteligência do Criador. Cada descoberta científica, cada observação cuidadosa da natureza, nos leva a um profundo senso de reverência pelo mistério cósmico.

A visão de Deus como a expressão do mistério universal nos inspira a explorar, a questionar e a buscar conhecimento incessantemente. Reconhecemos que nossa compreensão de Deus e do universo é limitada, mas essa limitação não nos impede de continuar a busca.

Pelo contrário, ela nos motiva a perseverar na exploração desse mistério infinito.

A espiritualidade deísta é profundamente influenciada por essa percepção de Deus como o mistério universal. Nossa conexão com o divino não se limita a rituais ou dogmas, mas é uma busca contínua para desvendar os segredos do cosmos e compreender nossa própria existência dentro desse contexto.

A contemplação desse mistério nos leva a um profundo senso de humildade e admiração. Reconhecemos que somos parte de algo muito maior do que nós mesmos e que nossa existência é um fragmento minúsculo desse mistério cósmico. Essa humildade nos incentiva a agir com compaixão e responsabilidade em relação ao planeta e a todas as formas de vida que o habitam.

Portanto, a visão de Deus como a expressão do mistério universal é uma pedra angular da espiritualidade deísta. Ela nos conecta com a grandiosidade do universo e nos inspira a buscar a verdade e a compreensão, enquanto vivemos com gratidão e respeito pelo mistério que nos envolve.

À medida que avançamos na exploração do Deísmo e da visão de Deus como a expressão do mistério universal, é crucial considerar como essa compreensão se alinha com a era moderna e com os avanços na compreensão do universo e da existência humana.

Na era moderna, testemunhamos avanços extraordinários na ciência, na cosmologia e na filosofia. Nossa compreensão do universo expandiu-se exponencialmente, e muitas das antigas concepções sobre o cosmos foram revistas à luz das novas evidências e teorias científicas.

Para nós, deístas, essa expansão do conhecimento não é vista como uma ameaça à espiritualidade, mas como oportunidade de aprofundar a compreensão de Deus. Vemos a ciência como uma ferramenta poderosa para explorar o mistério do universo que consideramos uma manifestação da divindade.

A teoria do Big Bang, por exemplo, não contradiz a visão de Deus como o criador do universo, mas aprofunda nossa apreciação pela majestade desse ato criativo. Vemos a evolução como um processo que revela a complexidade e a diversidade da vida, sem negar a possibilidade de uma inteligência por trás desse processo.

A compreensão de Deus na era moderna é moldada pela maravilha que sentimos ao contemplar as vastidões do espaço, as leis fundamentais da física e a intrincada rede da vida na Terra. Enquanto muitas crenças religiosas tradicionais lutam para reconciliar seus dogmas com a ciência moderna, nós, deístas, abraçamos essa convergência como uma oportunidade de crescimento espiritual.

A visão de Deus como a expressão do mistério universal nos leva a uma apreciação mais profunda da complexidade e da interconexão de todas as coisas. Enxergamos o universo como uma obra de arte em constante evolução, e nossa compreensão científica é apenas uma maneira de desvendar seus segredos.

Portanto, na era moderna, nossa compreensão de Deus se expande à medida que nossa compreensão do universo se aprofunda. A visão deísta nos convida a abraçar a busca pelo conhecimento divino como uma jornada contínua, onde a ciência e a espiritualidade não estão em conflito, mas se complementam.

Nossa busca por Deus na era moderna é iluminada pela luz da razão e pelo brilho das estrelas. Continuamos a explorar o mistério universal, enquanto abraçamos os avanços científicos e filosóficos como degraus em nossa jornada espiritual. A compreensão de Deus é uma busca infindável, uma busca que nos eleva, nos inspira e nos conecta com o cosmos e com nossa própria essência divina.

Prosseguindo em nossa jornada de compreensão do Deísmo e da visão de Deus como a expressão do mistério universal, é fundamental explorar mais profundamente como essa concepção influencia a espiritualidade deísta.

Para nós, deístas, a ideia de que Deus é a manifestação desse mistério cósmico eleva nossa espiritualidade a um nível mais alto de contemplação e admiração. Quando contemplamos o cosmos, as leis naturais que o governam e a intrincada teia da vida na Terra, vemos o reflexo do divino em tudo.

Essa visão inspira um profundo senso de reverência pela criação e pelo universo como um todo. É um chamado à contemplação silenciosa, à admiração das maravilhas da existência e à busca constante pelo entendimento das complexidades do mundo.

A espiritualidade deísta não se limita a rituais ou dogmas rígidos; ela se manifesta na busca contínua por conexão pessoal com o mistério universal. Em vez de aderir a práticas religiosas prescritas, nós, deístas, somos incentivados a explorar o divino por meio da observação da natureza, da reflexão filosófica e da busca pelo conhecimento.

Essa abordagem espiritual flexível e aberta permite que cada pessoa encontre seu próprio caminho para se conectar a Deus. Alguns podem buscar a inspiração na contemplação das estrelas, enquanto outros podem encontrar Deus na beleza da arte ou na profundidade da filosofia. A espiritualidade deísta é uma busca pessoal e única que honra a diversidade das experiências humanas.

Além disso, essa visão de Deus como a expressão do mistério universal nos leva a um profundo respeito pela interconexão de todas as formas de vida. Reconhecemos que fazemos parte de um todo maior, que todas as criaturas compartilham a mesma origem divina e que somos todos guardiões da Terra.

Portanto, a espiritualidade deísta também se manifesta em um profundo compromisso com a ética e a responsabilidade ambiental. Vemos a preservação do meio ambiente como uma expressão prática de nossa devoção ao divino, cuidando da criação que nos foi confiada.

A visão de Deus como a expressão do mistério universal enriquece a espiritualidade deísta. Ela nos convida a contemplar a beleza e a complexidade do universo, a buscar Deus em nossas experiências individuais e a agir com responsabilidade em relação ao mundo natural. Essa espiritualidade é uma jornada contínua de reflexão e descoberta que nos conecta mais profundamente com o mistério que permeia toda a existência.

Ao explorar a visão deísta de Deus como a expressão do mistério universal, é natural surgirem questões sobre a relação entre essa perspectiva e as instituições religiosas tradicionais, bem como a espiritualidade individual.

Nós, deístas, reconhecemos que, ao longo da história, a humanidade desenvolveu diversas religiões e crenças espirituais, cada uma com sua própria interpretação de Deus e seus rituais específicos. No entanto, o Deísmo se distingue por sua abordagem mais livre e desvinculada das estruturas religiosas convencionais.

Para nós, Deus é percebido como o criador do universo e das leis naturais que o governam, não como uma divindade que interfere diretamente na vida humana ou exige devoções rituais. Essa visão pode levantar perguntas sobre a relação entre o Deísmo e as religiões organizadas.

É importante destacar que muitos deístas respeitam as crenças religiosas dos outros e reconhecem o valor das instituições religiosas em fornecer orientação moral, apoio comunitário e um espaço para a expressão espiritual. No entanto, eles escolhem seguir um caminho espiritual mais independente, baseado na razão, na observação da natureza e na busca pessoal pelo divino.

Essa independência espiritual não impede os deístas de se envolverem em diálogos construtivos com aqueles que têm crenças religiosas diferentes. Eles podem compartilhar perspectivas sobre questões éticas e morais, colaborando para um mundo mais compassivo e tolerante.

Além disso, a espiritualidade deísta encoraja a reflexão individual e o desenvolvimento da moralidade pessoal. Nós, deístas, acreditamos que a conexão direta com Deus por meio da contemplação da natureza e da busca pelo conhecimento pode inspirar uma ética fundamentada na compreensão e no respeito.

A visão deísta de Deus vai além da mera contemplação intelectual. Para nós, Deus é uma fonte constante de inspiração e orientação. A compreensão de um Deus que estabeleceu as leis naturais e permitiu que a razão humana as descobrisse tem implicações profundas em nossa jornada pessoal.

Vemos Deus como a essência do conhecimento e da sabedoria. A busca pelo conhecimento divino não é apenas uma atividade intelectual, mas também uma jornada espiritual. Acreditamos que, ao compreender as leis da natureza e a ordem do universo, estamos nos aproximando de Deus de uma maneira significativa.

Deus serve como uma bússola moral em nossas vidas. À medida que buscamos compreender o divino, também buscamos viver de acordo com princípios éticos e morais que respeitem a dignidade humana e promovam o bem comum. A visão de Deus como uma presença orientadora nos ajuda a tomar decisões informadas e éticas em nossas vidas.

Além disso, Deus é uma fonte constante de inspiração. A contemplação da beleza e complexidade da natureza nos enche de admiração e reverência. Essa admiração nos inspira a criar, a explorar, a inovar e a buscar o bem em nosso mundo. Vemos a criatividade humana como uma extensão da criatividade divina.

A visão deísta de Deus como fonte de inspiração e orientação não nos aliena do mundo, mas nos envolve ainda mais profundamente nele. Valorizamos a vida e a experiência humana, encontrando significado nas interações diárias, nas conquistas pessoais e no impacto que podemos ter sobre o mundo ao redor.

Nossa espiritualidade não é isolada, mas integrada à vida cotidiana. Buscamos constantemente compreender o divino em nossas ações e em nossa busca pelo conhecimento. Vemos Deus não como um espectador distante, mas como um guia constante que nos motiva a sermos melhores, a explorar nossa conexão com o cosmos e a contribuir para o bem-estar da humanidade.

Assim, a visão deísta de Deus como fonte de inspiração e orientação não é apenas teórica; é uma força dinâmica que nos impele a buscar a verdade, a viver com integridade e a fazer a diferença no mundo. É um chamado constante para a autenticidade, a compaixão e a busca pelo conhecimento divino em cada aspecto da existência.

Capítulo 21
A Filosofia Deísta na Prática

A filosofia deísta, meu caro, não se limita a um conjunto de ideias abstratas, desprovidas de aplicação prática. Pelo contrário, é uma filosofia que se traduz em ações e orientações para nossa vida diária. À medida que exploramos como os princípios e crenças deístas podem ser aplicados na prática, encontramos uma filosofia que enriquece e dá significado à nossa existência.

Primeiramente, o deísmo nos instiga a viver com autenticidade. Acreditamos que a compreensão de Deus como uma força criativa e orientadora nos inspira a sermos verdadeiros. Não nos submetemos a dogmas religiosos rígidos ou a interpretações estreitas da espiritualidade. Em vez disso, somos incentivados a buscar nossa própria compreensão de Deus e a viver de acordo com nossas convicções pessoais.

A autonomia moral é um pilar fundamental do deísmo. Acreditamos que cada indivíduo possui a capacidade de discernir o que é certo e errado com base na razão e na ética. Isso significa que somos responsáveis por nossas ações e decisões. Ao aplicar essa autonomia moral na vida diária, buscamos agir de maneira ética, promovendo a justiça e o bem-estar de todos.

A filosofia deísta também nos convida a buscar constantemente o conhecimento divino, e essa busca não se limita a templos ou rituais religiosos. Ela está presente em cada momento da vida. Valorizamos a educação, a pesquisa e a exploração intelectual como meios de nos aproximarmos de Deus. A compreensão do mundo natural e das leis que o regem é vista como uma forma de reverenciar a criação divina.

A compaixão e a empatia são valores essenciais. Acreditamos que, ao compreender a interconexão de toda a vida e a presença divina em cada ser humano, somos chamados a tratar os outros com compaixão e respeito. Essa compreensão nos motiva a buscar ativamente maneiras de aliviar o sofrimento humano e promover o bem-estar de todos.

A aplicação da filosofia deísta na prática não nos isola do mundo; ao contrário, nos envolve ainda mais profundamente nele. Somos motivados a ser agentes de mudança positiva em nossa comunidade e no mundo em geral. Acreditamos que, ao viver de acordo com nossos princípios deístas, contribuímos para a construção de um mundo mais justo, compassivo e harmonioso.

Assim, o deísmo não é uma filosofia passiva, mas uma chamada à ação. É uma abordagem para a vida que nos desafia a viver com integridade, a buscar o conhecimento divino, a praticar a compaixão e a trabalhar para o bem comum. É uma filosofia que transforma nossa existência diária em uma jornada de significado e propósito.

A concepção de Deus como uma expressão do mistério universal é um elemento central do deísmo, e essa ideia continua a nos inspirar e influenciar nossa espiritualidade. Quando contemplamos o universo e sua vastidão, somos lembrados de que há algo além da nossa compreensão racional, algo que transcende nossos sentidos e conhecimentos.

No deísmo, vemos Deus como a manifestação desse mistério universal. Ele é o princípio criativo por trás de tudo o que existe, a fonte da ordem e da beleza do universo. A apreciação desse mistério nos convida a um profundo senso de reverência e humildade diante da grandiosidade do cosmos.

Ao mesmo tempo, essa visão de Deus como mistério universal nos encoraja a buscar conhecimento e compreensão. Acreditamos que a razão humana é um presente precioso que nos permite explorar o mundo natural, desvendar seus segredos e entender as leis que o governam.

Além disso, a compreensão de Deus como expressão do mistério universal nos lembra da interconexão de todas as coisas. A vida na Terra está intrinsecamente ligada ao universo, e cada ser humano faz parte dessa teia complexa de existência. Essa consciência nos motiva a agir de maneira responsável em relação ao planeta e a todas as formas de vida que nele habitam.

No âmbito pessoal, essa visão de Deus como mistério universal nos convida à contemplação e à meditação. Buscamos momentos de quietude e reflexão para nos conectar com essa presença divina que permeia o cosmos. Esses momentos de contemplação nos ajudam a encontrar paz interior e aprofundar nossa conexão com o divino.

A espiritualidade deísta é uma busca constante para compreender esse mistério universal. Não temos dogmas rígidos ou rituais prescritos, mas sim uma abordagem aberta e exploratória em relação à espiritualidade. Cada pessoa é incentivada a encontrar sua própria maneira de se conectar com Deus e explorar o mistério divino.

Nossa espiritualidade é marcada pela liberdade e pela busca individual da verdade. Valorizamos a diversidade de perspectivas e acreditações, pois reconhecemos que cada pessoa tem uma visão única do divino. Essa abertura nos enriquece e nos permite aprender com os outros.

Deus como expressão do mistério universal nos inspira a contemplar a grandiosidade do cosmos, a buscar o conhecimento divino, a agir com responsabilidade em relação à Terra e a encontrar paz na reflexão espiritual. Essa visão nos motiva a viver com profundo senso de conexão com o universo e a explorar continuamente o mistério da existência.

À medida que avançamos na discussão sobre a compreensão de Deus no deísmo, é crucial considerar como essa visão se alinha com a compreensão moderna do cosmos e da existência humana. A era moderna trouxe consigo avanços significativos na ciência, na filosofia e na compreensão do universo, e os deístas não foram alheios a essas transformações.

No mundo moderno, nossa compreensão do universo e da natureza foi enriquecida pela ciência. A astronomia nos revelou a vastidão do universo, com bilhões de galáxias e sistemas solares, desafiando nossa compreensão prévia do cosmos. No entanto, essa expansão do conhecimento cósmico não diminuiu a visão de Deus no deísmo; pelo contrário, aprofundou nossa apreciação pela complexidade e beleza da criação divina.

Os avanços na biologia e na teoria da evolução também trouxeram uma nova perspectiva sobre a vida na Terra. A compreensão de que todos os seres vivos compartilham um ancestral comum não contradiz a visão de Deus como criador, mas ressalta a maravilha da diversidade da vida e a interconexão de todas as formas de vida.

No campo da filosofia, pensadores modernos como Immanuel Kant e David Hume influenciaram nossa compreensão de Deus. Kant argumentou que a existência de Deus não pode ser provada empiricamente, mas que a ideia de Deus é fundamental para a moralidade e a razão prática. Essa abordagem ressoa com o deísmo, que vê a razão como uma ferramenta essencial para compreender Deus.

A visão de Deus no deísmo também se alinha com a ênfase moderna na liberdade individual e na autonomia moral. O livre-arbítrio e a responsabilidade pessoal são valores fundamentais, e o deísmo valoriza a capacidade humana de fazer escolhas éticas e morais baseadas na razão e na compreensão divina.

A era moderna também trouxe avanços na compreensão da psicologia humana, que podem ser relacionados à visão de Deus no deísmo. A psicologia nos ensina sobre os aspectos da mente humana, incluindo a espiritualidade e a busca por significado. A visão de Deus como uma fonte de inspiração e orientação na vida cotidiana se encaixa bem com a busca humana por propósito e conexão espiritual.

A compreensão de Deus no deísmo não apenas se mantém relevante na era moderna, mas também se enriquece com os avanços do conhecimento científico, filosófico e psicológico. O deísmo continua a oferecer uma visão de Deus coerente com a compreensão contemporânea do universo e da existência humana, mantendo seu apelo como uma abordagem espiritual significativa para muitos.

Para os deístas, Deus não é apenas uma entidade distante que criou o universo, mas uma manifestação do profundo mistério que permeia toda a existência.

A busca pelo conhecimento divino no deísmo é, em última instância, uma busca pelo entendimento desse mistério universal. É uma jornada espiritual que nos leva a explorar as profundezas do universo, tanto externa quanto internamente. Por meio da contemplação da natureza e da reflexão sobre nossas próprias vidas, buscamos desvendar os segredos do mistério divino.

A espiritualidade deísta valoriza a conexão direta com o mistério universal. Não dependemos de intermediários religiosos, dogmas rígidos ou rituais prescritos para nos aproximar de Deus. Em vez disso, buscamos uma relação pessoal e íntima com o divino, permitindo que nossa própria experiência e compreensão guiem nosso caminho espiritual.

A contemplação da natureza e a autorreflexão são práticas valorizadas no deísmo, pois nos permitem mergulhar profundamente no mistério universal. Ao observarmos a grandiosidade do universo e a complexidade da vida, encontramos inspiração para nossos próprios questionamentos e reflexões espirituais.

Essa perspectiva também nos impulsiona a buscar a unidade na diversidade. Ao reconhecer o mistério universal como uma força que permeia todas as coisas, somos motivados a buscar a harmonia, a compreensão mútua e o respeito pelas crenças dos outros. Vemos a humanidade como parte de um todo maior e reconhecemos a importância de trabalhar juntos em busca do entendimento e da paz.

Capítulo 22
Deus Além do Espaço e do Tempo

Permita-me conduzi-lo(a) através das sendas do pensamento profundo para explorar um conceito que é, ao mesmo tempo, desafiador e fascinante: a natureza de Deus em relação ao espaço e ao tempo. Como mestre deísta, é minha missão guiá-lo(a) nessa jornada de reflexão e contemplação.

Comecemos por reconhecer que nossa existência está intrinsecamente ligada a um universo tridimensional, onde o espaço e o tempo são as coordenadas que moldam nossa compreensão da realidade. O mundo que nos rodeia se desdobra diante de nós, da escuridão do passado ao mistério do futuro. No entanto, nossa visão do mundo é limitada a esses parâmetros, e é nesse ponto que começamos a nos questionar sobre a natureza de Deus.

Existe uma dimensão invisível, uma realidade para além do alcance de nossos sentidos físicos e da lógica temporal. Nessa esfera, as leis que governam nosso universo tridimensional não são aplicáveis. É nesse domínio oculto que podemos começar a vislumbrar a verdadeira essência de Deus.

Como seres tridimensionais, estamos confinados a uma realidade que se desenrola diante de nossos olhos, regida pelas coordenadas de espaço e tempo. Contudo, o conceito de Deus transcende essas coordenadas, e é nessa dimensão invisível que Ele reside. Assim como um habitante de um plano bidimensional não pode perceber a terceira dimensão, nós, seres tridimensionais, somos limitados em nossa capacidade de compreender o que está além do espaço e do tempo.

É claro que, quando me refiro a um habitante da segunda dimensão, a mente rapidamente tenta associar o conceito a algo que ela possa processar, assim é importante destacar que os habitantes da segunda dimensão são ficcionais. Um exemplo clássico de um habitante da segunda dimensão pode ser encontrado na figura de um ser fictício chamado "Flatlandiano". Flatland é um livro escrito por Edwin A. Abbott em 1884, que descreve um mundo bidimensional habitado por figuras planas. Os personagens desse mundo são simples polígonos, como quadrados, triângulos e círculos, que vivem em um plano bidimensional, incapazes de perceber a existência da terceira dimensão.

Os habitantes de Flatland não têm altura, profundidade ou a capacidade de sair de seu plano. Para eles, tudo o que existe está contido dentro dessa realidade bidimensional. Eles não podem olhar para cima ou para baixo, apenas para frente e para trás. Portanto, um habitante de Flatland é um exemplo de um ser que não pode perceber ou compreender a terceira dimensão, assim como nós, seres tridimensionais, não podemos perceber diretamente dimensões superiores.

Compreendido o conceito de segunda dimensão, voltemos à nossa, pois vivemos em um mundo tridimensional, onde as coordenadas de espaço e tempo moldam nossa realidade e nossa compreensão do universo. No entanto, quando nos voltamos para a natureza de Deus, nos encontramos diante de uma intrigante pergunta: em que dimensão Ele reside? Algumas tradições espirituais sugerem a existência de múltiplas dimensões além das três que percebemos. Os seres da quarta, quinta ou até mesmo dimensões superiores são temas de especulação em várias filosofias. Nesse contexto, podemos concluir que Deus pertence a uma dimensão ainda mais elevada e sutil do que as que concebemos. Essa dimensão transcende nossas limitações tridimensionais e é onde a verdadeira essência divina pode residir. Assim, ao explorar a natureza de Deus, devemos considerar a possibilidade de que Ele habita em uma dimensão além de nossa compreensão, um reino espiritual que transcende as fronteiras do espaço e do tempo.

Nesse reino invisível, Deus não é apenas uma figura distante, mas sim uma presença constante que transcende as regras físicas de nosso mundo tridimensional. Ele é a própria essência dessa dimensão, uma inteligência cósmica que está além de nossa compreensão. Assim, a dimensão invisível se apresenta como um véu que oculta a totalidade do mistério divino.

Ainda sob este contexto a exploração sobre a natureza de Deus em relação ao espaço e ao tempo, é importante se aprofundar na ideia de uma dimensão invisível que abriga o divino. É como se estivéssemos diante de um intricado quebra-cabeça cósmico, e a próxima peça que devemos examinar é a ideia da teia cósmica.

Imagine o universo como uma vasta teia interconectada, onde cada fio representa uma parte da existência. Essa teia abrange desde os sistemas estelares mais distantes até os átomos que compõem nossos corpos. Nesse contexto, somos como pequenos fragmentos interligados a essa teia universal, cada um com sua própria experiência e consciência, mas cada um fazendo sua parte no todo.

Agora, considere que Deus é o tecelão supremo dessa teia cósmica. Ele não apenas a criou, mas também a sustenta. Cada fio, cada conexão, é parte de Sua grandiosa obra. No entanto, ao mesmo tempo em que está intrinsecamente ligado a cada aspecto da teia, Deus transcende a teia em si.

Essa metáfora nos permite compreender como Deus é onipresente, estando em todos os lugares ao mesmo tempo, enquanto permanece além do alcance de nossa percepção tridimensional. Assim como o tecelão compreende profundamente a teia que criou, Deus conhece todos os aspectos do universo que Ele sustenta.

Além disso, a teia cósmica nos ajuda a entender como nossas próprias jornadas individuais estão interligadas. Cada escolha que fazemos, cada experiência que vivemos, é como um fio que se entrelaça aos demais. Deus, como o mestre tecelão, tece esses fios em harmonia, criando um padrão que transcende nossa compreensão limitada.

Agora, devemos nos voltar para o mistério intrínseco da existência. Como deístas, compreendemos que Deus é o princípio de todas as coisas, o criador do universo e do tempo. No entanto, essa compreensão não nos impede de reconhecer o profundo enigma que envolve a própria existência.

A existência é um vasto oceano de possibilidades infinitas, onde cada ponto é um momento no tempo e no espaço. Agora, considere que Deus é a fonte desse oceano, a origem de todas as possibilidades. Cada evento, cada escolha, é como uma ondulação nesse oceano, afetando todas as outras ondulações.

Nesse contexto, Deus não apenas criou o universo, mas também é a própria essência da realidade. Ele é o cerne de cada átomo, a força por trás de cada evento, e a causa de cada efeito. No entanto, ao mesmo tempo, Deus é muito mais do que a soma de todas as partes. Ele é o mistério que permeia toda a existência, o enigma que nos desafia a explorar mais profundamente.

À medida que contemplamos esse mistério, somos lembrados de nossa busca contínua pelo conhecimento divino. Como parte integrante da teia cósmica, cada um de nós tem a capacidade de compreender mais profundamente a natureza de Deus. Ao explorar o mistério da existência, estamos nos aproximando de Deus, mesmo que Sua essência transcendente continue além de nossa compreensão.

A compreensão moderna da evolução, tanto do universo quanto da vida na Terra, é uma manifestação do plano divino. O desenvolvimento da consciência humana e da capacidade de raciocínio crítico também é considerado parte intrínseca da jornada espiritual.

Nossa compreensão do cosmos e da existência humana está em constante evolução, assim como nosso entendimento de Deus. Os deístas veem Deus como o princípio eterno por trás dessas descobertas, um Deus que não só criou o universo, mas também nos deu a capacidade de explorar e compreender esse universo.

O mistério universal se refere à compreensão de que existem aspectos do cosmos e da existência humana que estão além da nossa capacidade de compreender. Mesmo com todos os avanços científicos e filosóficos, há elementos da realidade que permanecem enigmáticos e desafiantes.

O mistério universal nos lembra que, embora possamos fazer descobertas notáveis e avançar em nossa compreensão, sempre haverá mais a aprender e a explorar. A humildade diante desse mistério nos incentiva a permanecer abertos ao conhecimento, à reflexão e à busca contínua de Deus.

Capítulo 23
A Natureza da Alma no Deísmo

A alma é percebida como uma faísca divina, a essência imortal que transcende o corpo físico. Essa visão da alma difere de muitas outras tradições religiosas que associam a alma a um destino de recompensas ou punições após a morte, pois, para os deístas, a imortalidade da alma é intrínseca à sua natureza.

É crucial compreender que, para os deístas, a alma não é uma entidade separada de Deus, sim uma extensão dessa divindade imaterial e transcendental. Acreditamos que a alma é uma centelha da consciência divina que reside em cada ser humano, uma parte fundamental da nossa existência que nos conecta à essência primordial do universo e ao próprio Deus.

Essa perspectiva da alma como imortal e sua relação profunda com o corpo físico inspiram os deístas a valorizar cada momento da vida terrena. Enxergamos a vida como uma oportunidade preciosa de crescimento espiritual e autoconhecimento, pois cada ação, pensamento e escolha têm um impacto duradouro na jornada da alma.

Ao refletirmos sobre a natureza da alma no Deísmo, convido a considerar o significado profundo da existência. A alma é a âncora de nossa conexão com o divino, a luz que nos guia em direção à transcendência. É a constante lembrança de que somos parte de algo maior.

A alma não é uma entidade estática, mas um ser em constante evolução. Durante a vida terrena, a alma passa por uma transformação profunda e significativa. Esta transformação ocorre à medida que aprendemos, crescemos e enfrentamos os desafios da existência.

A experiência terrena é a oficina da alma, um lugar onde enfrentamos tribulações e alegrias, sucessos e fracassos. Cada experiência molda nossa alma, contribuindo para o nosso crescimento espiritual. A dor nos ensina compaixão, a adversidade nos fortalece, e o amor nos conecta à centelha divina que habita em nós.

É relevante compreender que, embora a alma seja imortal, ela não é imune às influências do mundo material. Nossa jornada é como uma escola, um local de aprendizado onde a alma acumula sabedoria e experiência. A transformação da alma envolve a assimilação dessas lições e a evolução espiritual resultante.

A relação entre o corpo físico e a alma desempenha um papel fundamental nessa transformação. O corpo serve como o recipiente que permite à alma interagir com o mundo material. À medida que vivemos nossas vidas, a alma absorve as impressões e experiências do corpo, e essa interação é fundamental para o nosso crescimento.

É através das escolhas que fazemos, das decisões éticas que tomamos e das experiências que acumulamos que a alma evolui. A transformação da alma não é um processo passivo, mas um esforço para se tornar mais consciente, mais compassivo e mais próximo de Deus.

A compreensão da transformação da alma nos leva a uma apreciação mais profunda de nossa jornada terrena. Cada desafio que enfrentamos, cada obstáculo que superamos, contribui para o nosso crescimento espiritual. Assim, a vida terrena se torna uma oportunidade preciosa de crescimento e desenvolvimento da alma.

Ao considerarmos a natureza da alma no Deísmo, é fundamental destacar o propósito final dessa jornada espiritual. Os deístas acreditam que, após sua evolução espiritual e busca pelo conhecimento divino, a alma está destinada a alcançar a transcendência.

A transcendência, para os deístas, é o estado supremo de comunhão com Deus. É a realização máxima da jornada espiritual da alma, onde ela se funde completamente com a divindade. Nesse estado, a alma compreende a verdadeira natureza de Deus e experimenta uma profunda unidade e paz espiritual.

A jornada em direção à transcendência é uma busca incessante pela verdade e pela conexão com o divino. Ela envolve a exploração intelectual, a autorreflexão, a busca contínua pelo conhecimento divino e a prática de valores éticos e morais. É uma jornada que desafia a mente e nutre a alma, levando a uma compreensão mais profunda de si, do universo e de Deus.

Quando a alma atinge a transcendência, ela deixa de ser uma entidade separada de Deus e se torna uma parte inseparável da divindade. Essa união é o culminar da busca espiritual do deísta, onde a individualidade se dissolve na presença de Deus. É um estado de plenitude e iluminação espiritual que ultrapassa qualquer descrição verbal.

Capítulo 24
A Contribuição na História da Humanidade

Na história da humanidade, o Deísmo desempenhou um papel significativo, particularmente durante a chamada "Era da Razão". Este período histórico, que se estendeu do final do século XVII até o século XVIII, foi marcado por um fervoroso avanço no pensamento humano, impulsionado pela busca da razão, da ciência e da filosofia. O Deísmo surgiu como resposta a muitos dos dogmas religiosos da época e se consolidou como uma filosofia que promovia a liberdade de pensamento, a razão e a busca pelo entendimento de Deus de maneira independente.

Durante a Era da Razão, pensadores influentes como John Locke, Voltaire e Thomas Paine começaram a desafiar as concepções tradicionais de religião e a defender a crença em um Deus deísta.

O Deísmo deixou uma marca indelével na história da humanidade, influenciando não apenas o desenvolvimento intelectual, mas também a transformação social e política em várias partes do mundo.

A Revolução Francesa, ocorrida entre 1789 e 1799, foi um dos momentos mais emblemáticos da história mundial, marcando uma transformação radical na estrutura política e social da França e tendo um impacto duradouro em todo o mundo. O Deísmo desempenhou um papel notável nesse período de mudança e agitação.

Os princípios de liberdade, igualdade e fraternidade, pilares da Revolução Francesa, estavam em sintonia com os ideais de muitos deístas da época. Figuras como Maximilien Robespierre e Jacques Hébert, que eram simpatizantes do Deísmo, desempenharam papéis proeminentes na Revolução, promovendo ideias de secularismo, separação entre igreja e Estado e uma abordagem mais racional da religião.

O Deísmo também influenciou a Constituição Civil do Clero, promulgada em 1790, que colocou a Igreja Católica sob controle estatal, reduzindo seu poder. Os deístas viam a religião organizada como um obstáculo à liberdade de pensamento e à busca da verdade, e a Revolução Francesa proporcionou a oportunidade para efetuar mudanças significativas nesse campo. Além disso, a Revolução Francesa teve um impacto global, inspirando movimentos de emancipação e lutas por direitos em todo o mundo.

Outra marca do Deísmo foi a Ilustração, um movimento intelectual que varreu a Europa durante os séculos XVII e XVIII, enfatizando o poder da razão, da ciência e da educação para melhorar a sociedade. O Deísmo estava intrinsecamente ligado a esse período de esclarecimento, contribuindo para o desenvolvimento de ideias progressistas e laicas.

Filósofos deístas, como Voltaire, Rousseau e Diderot, produziram obras que questionavam as instituições religiosas e defendiam a liberdade de pensamento e expressão. Suas críticas às religiões reveladas e seu apoio a um Deus mais abstrato e universal influenciaram profundamente o pensamento iluminista.

A Enciclopédia, uma das maiores realizações da Ilustração, contou com a contribuição de muitos deístas notáveis. Diderot, editor-chefe da obra, e outros colaboradores, usaram essa plataforma para disseminar ideias deístas para promover a educação secular. A Enciclopédia defendia uma visão mais racional do mundo e do conhecimento, e suas páginas eram um veículo para desafiar o dogmatismo religioso.

O Deísmo também teve um impacto significativo nas revoluções intelectuais e políticas da época. Os ideais de liberdade, igualdade e fraternidade que surgiram durante a Ilustração foram parcialmente influenciados pelas noções de um Deus que criou a humanidade como iguais e dotou-a de razão.

O legado do Deísmo na história da humanidade é profundo e duradouro. Suas contribuições intelectuais e filosóficas moldaram a forma como muitas pessoas percebem Deus, a espiritualidade e a relação entre religião e razão. Muitos dos princípios defendidos pelos deístas, como a liberdade de pensamento, a busca pela verdade por meio da razão e a separação entre religião e governo, ainda são fundamentais para as democracias e sociedades pluralistas de hoje.

O Deísmo também influenciou o surgimento de correntes espirituais e religiosas mais abertas e inclusivas. Muitas pessoas, em busca de uma espiritualidade que abrace a liberdade de crença e a razão, encontram no Deísmo uma filosofia que ressoa com seus valores.

Além disso, o Deísmo desempenhou papel importante na promoção da tolerância religiosa e na aceitação de diferentes pontos de vista espirituais. Sua ênfase em um Deus universal e impessoal permitiu que as pessoas se afastassem das divisões sectárias e abraçassem uma visão mais inclusiva da espiritualidade.

Uma das contribuições mais notáveis do Deísmo na história recente foi sua influência na fundação dos Estados Unidos da América. Os fundadores da nação americana eram fortemente influenciados pelo Deísmo e incorporaram princípios deístas em importantes documentos nacionais.

A Declaração de Independência, redigida principalmente por Thomas Jefferson, inclui referências à "Lei da Natureza e do Deus da Natureza," uma concepção deísta de um Deus que governa o universo por meio de leis naturais. Jefferson, que era deísta, defendia a separação entre igreja e Estado e acreditava que os indivíduos tinham direitos inalienáveis conferidos pelo Criador, mas sem associação a uma religião organizada específica.

A Constituição dos Estados Unidos, com sua emenda que proíbe o estabelecimento de uma religião oficial, também reflete a influência deísta. Os redatores do texto constitucional reconheciam a importância de proteger a liberdade religiosa e permitir que os cidadãos praticassem suas crenças sem interferência do governo.

A influência do Deísmo na fundação dos Estados Unidos é evidente na visão de um governo limitado, baseado em leis racionais, que não impõe crenças religiosas específicas aos cidadãos. Essa abordagem reflete os princípios de liberdade, igualdade e tolerância que eram caros aos deístas da época.

Portanto, o Deísmo não apenas moldou o pensamento filosófico e religioso, mas também teve um impacto tangível na estrutura e na política de uma das nações mais influentes do mundo. Seu legado continua a ser sentido nas liberdades civis e na separação entre religião e governo que são fundamentais para a democracia americana e para muitas outras nações democráticas em todo o mundo. O Deísmo é, sem dúvida, a filosofia que transcende as eras e continua a inspirar aqueles que buscam compreender o divino de maneira mais livre e reflexiva.

Capítulo 25
Deístas Famosos

A história foi positivamente impactada pela ação de mentes brilhantes que, em algum momento, compartilharam com a humanidade, seus feitos e filosofias. É inegável que essas mentes excepcionais não se submeteriam a dogmas pré-estabelecidos. Por trás de concepções religiosas impostas pela força ou pela convicção, se escondiam histórias intrigantes, maquinações que desafiariam até os mais ousados estrategistas. É notório que praticamente todas as correntes religiosas têm suas manchas e contradições, o que torna compreensível que mentes brilhantes buscassem uma concepção de Deus mais compatível com suas notáveis habilidades intelectuais.

Nesse contexto, várias personalidades surgiram como propagadores do Deísmo, uma filosofia religiosa que conseguiu harmonizar a mente criativa dessas figuras ímpares com a espiritualidade. Entre esses notáveis pensadores e suas visões de um Deus Deístico, destacam-se:

Isaac Newton (1643/1727): O físico e matemático inglês é considerado um dos maiores gênios da humanidade. Formulador das leis da mecânica clássica, da gravitação universal e do cálculo diferencial e integral, Newton também se dedicou ao estudo da óptica, astronomia, alquimia e teologia. Sua crença em um Deus que criou o universo com ordem e harmonia, mas que não interferia nos assuntos humanos, moldou sua visão de mundo.

Voltaire (1694/1778): O filósofo e escritor francês foi um dos principais expoentes do Iluminismo. Defensor da liberdade de expressão, tolerância religiosa, progresso científico e combate à superstição, Voltaire criticava as religiões reveladas, como o cristianismo, o judaísmo e o islamismo. Ele defendia a existência de um Deus que era a causa primeira de tudo, mas que não se envolvia nas questões terrenas.

Thomas Jefferson (1743/1826): O político e estadista americano, autor principal da Declaração de Independência dos Estados Unidos, também era arquiteto, inventor, agrônomo e naturalista. Jefferson abraçou o deísmo racionalista, que rejeitava os milagres, a divindade de Jesus e a inspiração das escrituras. Para ele, Deus era o criador das leis naturais, mas não interferia diretamente na história humana.

Benjamin Franklin (1706/1790): Cientista e diplomata americano, Franklin foi um dos líderes da Revolução Americana e contribuiu para diversas áreas, incluindo física, eletricidade, meteorologia, medicina e biologia. Além disso, foi jornalista, editor, escritor, filantropo e abolicionista. Como deísta pragmático,

Franklin via Deus como fonte de moralidade e virtude, sem a necessidade de rituais religiosos específicos.

Albert Einstein (1879/1955): Físico e filósofo alemão, Einstein revolucionou a física moderna com a teoria da relatividade geral e contribuiu para diversas outras áreas, incluindo a mecânica quântica, a cosmologia, a estatística e a filosofia da ciência. Recebeu o Prêmio Nobel de Física em 1921. Einstein era um deísta panteísta, que via Deus como uma manifestação da beleza e da inteligência inerentes ao universo.

John Locke (1632/1704): Filósofo inglês conhecido por suas contribuições à filosofia política e à teoria do conhecimento. Locke acreditava em um Deus que concedia direitos naturais aos indivíduos, incluindo a liberdade e a propriedade privada. Suas ideias influenciaram diretamente os fundadores dos Estados Unidos.

Ethan Allen (1738/1789): Um dos fundadores do estado de Vermont e líder da milícia conhecida como "Green Mountain Boys." Allen era um deísta e autor do livro "Razão, o único oráculo da humanidade." Suas ideias influenciaram o pensamento político e religioso nos Estados Unidos.

Ethan Allen Hitchcock (1798/1870): Militar, explorador e autor americano, conhecido por suas expedições ao oeste americano. Hitchcock era um deísta que acreditava em Deus como o Criador e, ao mesmo tempo, questionava as religiões organizadas.

Thomas Paine (1737/1809): Escritor e filósofo anglo-americano, autor de "Senso Comum" e "Os Direitos do Homem". Paine defendia o Deísmo e a liberdade religiosa, acreditando que a religião deveria ser uma questão pessoal, não imposta pelo Estado.

John Adams (1735/1826): Um dos Fundadores dos Estados Unidos como nação e o segundo presidente do país. Adams era um deísta que acreditava em um Deus criador, mas também criticava as interpretações dogmáticas das religiões organizadas.

Ralph Waldo Emerson (1803/1882): Filósofo, ensaísta e poeta americano associado ao movimento transcendentalista. Emerson promovia uma espiritualidade individualista e não convencional, influenciada pelo Deísmo e pelo pensamento oriental.

Henry David Thoreau (1817/1862): Escritor, poeta e filósofo americano, famoso por seu livro "Walden" e seu ensaio "A Desobediência Civil". Thoreau era um deísta que valorizava a conexão direta com a natureza e a busca pela verdade espiritual.

Agradecimentos

Neste ponto crucial da jornada pelo Deísmo, gostaria de expressar profunda gratidão a você, leitor dedicado, que acompanhou esta exploração das ideias, princípios e filosofia que sustentam essa visão única do mundo.

Agradecemos por sua curiosidade inabalável, sua sede por conhecimento e seu compromisso em compreender as complexidades do Deísmo. Sabemos que, muitas vezes, explorar conceitos filosóficos e espirituais pode ser desafiador, mas você persistiu.

Assim como os pioneiros do Deísmo desafiaram as narrativas tradicionais e propuseram uma compreensão mais profunda da divindade, você se dedicou a explorar essas ideias com mente e coração aberto. Sua busca pela verdade através da razão e do pensamento crítico ecoa os princípios fundamentais do Deísmo.

Agradecemos por ser parte desta conversa e por contribuir para a compreensão coletiva do Deísmo. Esperamos que esta exploração tenha enriquecido sua própria jornada espiritual e intelectual.

Nossos corações estão cheios de gratidão por sua presença e engajamento nesta busca pela compreensão do divino por meio da razão e da observação. Que sua jornada continue a ser iluminada pela luz da sabedoria e do entendimento.

Com sincera gratidão,
Equipe Luan Ferr.

www.ingramcontent.com/pod-product-compliance
Lightning Source LLC
LaVergne TN
LVHW040058080526
838202LV00045B/3691